台北探索館
112.4.12
雅婷號
宏利發建設有限公司

台北探索館
DISCOVERY CENTER OF TAIPEI
TAIPEI
112.4.12
雅婷號
宜利發建設有限公司

讓愛無止盡流動

公益教我的19堂暖心課

楊雅婷 著

推薦序 1

積善之家，榮於傳承

作者父親

楊燦煌 先生

經營企業多年，我深知事業的根本，在於「取之於社會，用之於社會」。

這些年來，我帶領國際獅子會的獅友全心投入公益，不僅推動捐血活動、反毒宣導、資助貧困家庭，更在各地捐贈復康巴士、捐血車，盡己所能，為社會帶來更多溫暖與希望。這條公益之路，走得踏實，也走得無怨無悔。

我一直相信，行善不分大小、不計遠近，最重要的是發自內心的真誠付出，而非追求名聲與功利。這份信念，我也時時提醒自己與家人。令我欣慰的是，女兒雅婷從小耳濡目染，不僅承襲了這份公益初心，更以她的熱情與行動，將這份善念發揚光大，融入她的生活與事業，積極策劃各式公益活動，影響更多人一同參與。

看著她的努力，我心中充滿感慨，也更加堅定——行善，不僅是一種選擇，更是一種責任。願這份愛，能夠無止盡地流動，代代相傳。身為父親，我最感到驕傲與欣慰的，不僅是女兒今日在事業上的成就，更重要的是她從未忘記公益的初心，一步一腳印地走在這條充滿溫暖的道路上。她所做的一切，從不為功名所縛，而是發自內心最純粹的善意，希望將幸福與關懷傳遞給更多人。

公益不需驚天動地，也不需要顯赫身份。只要懷抱真誠的善意，每個人都能在自己的生活裡，找到屬於自己的公益之道，照亮他人的生命。透過這本書，女兒將她多年來公益路上的點滴故事與心得分享給大眾，希望激發更多人以自己的方式，開始實踐公益。

最後，期盼女兒持續以陽光般溫暖的心，帶動更多人加入公益行列。願這本書所蘊含的善念，如春天的種子般，在每個人心中萌芽、生根，為這個社會帶來更多的祥和與幸福。

推薦序 2

以孝爲本，讓愛流動

作者母親 陳玉霞 女士

公益最純粹的本質，就是「與人為善」。善意的起點，不是從外界尋找，而是從家庭出發，從父母與子女之間的情感流動中萌芽，從代代相傳的孝心與關懷中滋養壯大。

身為作者的母親，我很驕傲地說，雅婷便是這樣的一個典範。從她小時候開始，她的懂事、體貼與細膩，便感動著我們全家。記得我們曾經養了一隻狗，名叫小黑，陪伴了家裡十八年。有一回，小黑意外走失，足足半年都音訊全無。雅婷當時為了尋找牠，騎著機車四處奔波，即使在風雨交加的日子，她仍不放棄。當小黑終於失而復得的那天，雅婷回到家渾身濕透，但臉上的堅毅與喜悅至今我仍難以忘懷。那一刻，我真實感受到家人間的愛是如此深刻，也明白女兒內心深處對生命與家人的珍惜。

女兒的體貼與關懷，也展現在對我們家人的日常陪伴上。我曾擔任國際獅子會的會長及總監，期間許多繁雜的事務都需要細心安排與規劃，女兒總是貼心陪伴身邊，協助處理各種大小細節，讓我安心地投入會務，她默默的陪伴和溫柔的提醒，成為我最大的依靠。

女兒常對我說：「媽媽，有夢想就要趕快去實現，不要留下遺憾。」因著她這句話，我向她透露了自己最大的夢想——是去南極旅遊。當時她二話不說，迅速安排了一場長達三週的南極之旅，即使她正值事業的忙碌期，家庭與工作都要兼顧，她仍堅持親自陪伴我們踏上這趟圓夢旅程。接下來的北極與南太平洋之旅，也都是她細心策畫並貼心陪伴，一路上無微不至的照顧，讓我們倍感溫暖與安心，更體會到身為人母最深刻的幸福。

女兒的公益之路，一路走來始終不忘初心。她明白公益並非高不可攀，而是從家庭的和樂與代代相傳的孝心延展開來的自然之舉。她將對家人的愛，延伸為更廣大、更深遠的善意，積極投入各式各樣的公益活動中。她從家庭出發，將這份善的能量，無私地分享出去，期望能點亮更多人的心房，帶給更多家庭溫暖與希望。

推薦序 3

積善之家，必有餘慶

都市偵探、建築學者

李清志 教授

因為對建築文化的熱愛，我有機會認識雅婷及她的家人，並且多次一起到世界各地參訪經典建築作品。在與他們家人相處中，我才發現她所經營的建設公司，不是一般只在乎蓋房子賺大錢的企業；她非常樂於參與贊助各種公益事業，並將財富回饋社會，期待產生更多良善的結果。

雅婷的父親也是經營建築事業，同時也非常熱衷做公益，從小就帶著雅婷參與公益活動，對她產生很大的影響，建立了她內心對於做公益、回饋社會的哲學思維。這樣的企業理念在台灣實屬少數，也顛覆了我們對於一般建商唯利是圖的刻板印象，讓我聯想到美國股神巴菲特的理財哲學。

股神巴菲特（Warren Buffett）的理財哲學是大家熱切想要了解的，不過大部分的人只想知道他是如何選股，如何靠投資賺大錢？卻忽略了巴菲特對於財富管理的哲學。二〇二四年的感恩節，巴菲特寫信給他的股東們，宣布他過世後將把他99.5%的財產捐出，作為慈善公益事業所使用，而不是留給子女。巴菲特的舉動讓世人驚訝，同時也帶來許多人對於財富管理的重新省思。

巴菲特認為，極大的財富不應該只是個人擁有，而是「社會暫時託管」給個人的資源，財富真正的價值在於如何運用這些資源來造福更多人，而不應成為子女的包袱。他堅信，「富有的父母應該給子女足夠的資源，讓他們去做任何想做的事，而不是讓他們什麼都不做。」因此，他沒有將所有財富留給子女，而是讓他們獨立成長，並透過自身努力建立事業。

股神巴菲特與比爾・蓋茲共同發起「捐贈誓言」（The Giving Pledge），

邀請億萬富翁將財富的一半以上捐給公益事業。這個計畫不只是捐錢，更是創造一種文化，讓更多富人意識到財富應該用來改善世界。

雅婷出版這本書《讓愛無止盡流動：公益教我的19堂暖心課》，記錄了她參與的各項公益活動，包括校園藝術、反毒教育、復康巴士、清寒獎學金、愛心便當，以及建造樹屋等等。雅婷參與公益活動並非基於炫耀或社會壓力，而是出於對「財富責任」的深刻理解；希望藉著以身作則，帶動更多人行善做公益，讓做公益成為台灣的一種文化。

過去雅婷的公司默默地參與並贊助了許多的公益活動，他們夫妻總是帶著兒女一起參加，希望將做公益這件事成為家族的珍貴遺產，可以不斷地傳承下去。他們的辦公室掛著一幅年輕書法家王意淳的作品，充滿力量的書法字，寫著：「積善之家」，這句話出自於《易經》，的確是他們家族的寫照，更適合作為他們的家訓。

其實「積善之家，必有餘慶」這句話，並不只是做善事，為子孫後代積存福報；而是因為傳承做公益的精神，可以讓我們社會更好，同時也影響更

多人投入做公益的活動，成為台灣社會的福份。

期待這本書的出版與傳播，可以影響更多企業家投入做公益的活動，讓企業參與公益活動成為台灣文化的一部分。

推薦序 4

家族傳承的善，讓愛流轉世間

台灣血液基金會　董事長
新光醫療財團法人新光吳火獅紀念醫院　院長
侯勝茂 先生

我與楊雅婷董事長一家的緣分，始於一次在台灣血液基金會舉行的捐血車捐贈儀式。當時，我擔任台灣血液基金會的董事長，這也讓我與楊董一家人有了首次的接觸。

楊董事長來自一個充滿愛心的家庭，對公益事業的投入可謂不遺餘力。事實上，他們家是全台捐贈捐血車最多的家庭。正如書中《挽起袖子，熱血不分你我：讓捐血車滿載而歸是最大的幸福》篇章所述，楊董事長的父親——楊燦煌總裁，與他的兒女們前後共捐贈了七台捐血車給台灣血液基金會。

自二〇一七年我接任血液基金會董事長以來，光是這八年間，楊董一家人就已經陸續捐贈了三台捐血車。楊燦煌總裁是一位低調而熱心的人，對公益事業默默耕耘，而楊董事長也深受父母影響，承襲了他們的愛心與責任感。

通過這本書，我更加了解楊董事長在各項公益事業中的無私奉獻。無論是路邊為行人奉茶，還是捐贈復康巴士、捐血車，甚至設立清寒獎學金，楊董事長始終以行動支持各項公益；書中的每一個公益故事背後，都蘊含著深刻的意義。從「救急不救窮」的初心，到為需要幫助的人點燃希望的火焰，再到關心下一代教育，無論是舉辦校園防毒講座，設立蘭雅國小獎學金，還是對永續發展議題的投入，楊董事長無不延續楊總裁的理念，並將這份愛心悄然地傳遞給下一代，讓公益的種子在他們心中深深扎根。

我深深敬佩楊董事長在公益事業上的付出與努力，也希望各位在閱讀完這本書後，能夠在自己心中種下公益的種子。正如楊董事長寫給子女的一句

話：**「公益這條路，一個人走可以走得快，但一群人走，才能走得更長遠。」**公益事業需要更多人的共同努力支持，才能真正顯現其價值與成效。我極力推薦此書！

推薦序 5

公益之心，始於平凡，也成於日常

台北市議會 議員

張斯綱 先生

我與雅婷相識多年，她給我的印象一直是很溫暖、親切，且平易近人。身為企業第二代，與一般人所想像中的企業接班人截然不同；她處事低調，踏實，不僅僅將心力放在企業，更是把熱情投注於公益事業，尤其是在推廣閱讀和親子教育文化上。

在這本書《讓愛無止盡流動》中，我們得以深入了解雅婷的公益歷程與理念。她對公益的實踐方式並非大張旗鼓，而是從生活中最貼近的點滴做起。無論是在蘭雅國小建造樹屋、成立兒童建築圖書館，或是長年舉辦熱血捐血活動及台北市復康巴士的捐贈活動，這些行動都顯示出她對社會需求敏銳的觀察與純粹的付出。

我特別欣賞雅婷對閱讀推廣的熱忱。她不僅在自家企業設立閱讀空間，更主動發想各類創意活動，鼓勵孩子們跳脫傳統框架，發揮想像力及創造力。我始終認為，在這個數位媒體主宰的時代，閱讀力的培養顯得更加重要；閱讀力，決定了國家的競爭力。

所以，推廣閱讀的重點，絕對不僅僅在於讓下一代認識書本，而更重要的是培育一份自主學習、閱讀啟發、深度理解與思考的競爭力。雅婷從自身出發，持續為社會散佈閱讀的種子，這正是我們最迫切需要的力量。

雅婷與她的家族在公益道路上的努力，並非短暫的熱情，而是長年如一日的堅持。他們對公益活動的參與，從不刻意彰顯，純粹是出於內心的真誠，這種低調而持續的付出，值得我們每一個人學習與效仿。

這本書所記載的十九個動人公益故事，讓我們看到了一種平凡而真摯的力量。她的善行，就像一顆顆愛的種子，不斷滋養並鼓舞著身邊的每一個人。我誠摯推薦此書，更期待藉由她的故事，拋磚引玉，號召更多的人一起加入公益的行列，讓愛在每個人的生活中無止盡地流動。

推薦序 6

見證善的循環與傳承

名主持人 趙婷 女士

認識雅婷是在一個公益團體裡，我們因為公益而相識，也因為她熱情溫暖的性格而成為了好朋友。從她與我的每一次對話中，我總能感受到她那份純粹而溫暖的公益情懷。相熟後，我得知她的父母長年默默行善，總是在平凡生活中，力所能及地幫助身邊需要援手的人。這樣的家風，讓雅婷從小就耳濡目染，逐漸將善行融入她日常的每一個細節裡。

幾年前，雅婷與我分享她想要捐贈一輛復康巴士給台北市政府的計畫，我深受感動並有幸參加了當天的捐贈儀式。活動當下，我的內心油然升起一份感激與感動，看著那台象徵著愛與希望的復康巴士，即將邁入超高齡社會的台灣，會有多少行動不便的老人與弱勢朋友，急需這樣的交通工具來改善生活？這份雪中送炭的禮物真是太可貴了！

公益的力量，就是在這一點一滴中，點亮人們的生命。雅婷的公益行動並不止於捐贈，她也積極帶著自己的孩子參與各種公益活動，從淨灘到親自製作公益便當，教導孩子用實際行動將愛傳遞出去。她相信身教勝於言教，而在她身上，我也深刻地看到了善的循環與傳承。

我相信公益並不是一時的行動，而是一生的志業。雅婷用自身的行動證明了這一點，她一步一腳印，從小處著眼，將溫暖與關懷無聲地注入他人的生命，讓愛像涓涓細流一般，不斷流動、滋養人心。

透過這本書，雅婷將她多年來從事公益的心得與故事真誠地分享出來，我相信每一位讀者都會從中感受到真摯的溫暖，並受到啟發，進而願意在日常生活中，為社會帶來一點點的美好改變。期盼每一個善念都能成為溫柔而強大的力量，讓愛永不停歇地流動下去。

誠摯推薦這本溫暖動人的著作，也祝福雅婷在公益這條路上，能夠繼續快樂滿足地前行。

推薦序 7

前線所見：一場不容等待的善意接力

臺北醫學大學、部立雙和醫院　副院長
劉如濟　先生

我們常說：「明天和意外，不知哪個會先來。」在醫院，這句話的真實感受更加強烈。因此，來自民間與企業的援手，常常成為關鍵時刻的雪中送炭；這種「即時可用」的資源，在某些時刻，是勝過千言萬語的實質救援。

身為一位長期處於醫院第一線的醫療人員，我深知「等待」在某些情況下，並不是一種選擇，而是一種代價。在急診室裡，我們從不曾擁有多餘的時間，來應對一袋血液的短缺、一趟復康巴士的缺席，或是防疫物資的延宕。這些挑戰，牽動的往往不只是個體病情，而是整個社會資源調度與系統韌性的壓力測試。

因此，當我看到《讓愛無止盡流動》這本書時，我特別感動於它所呈現的，並不只是表面溫柔的公益故事，而是一份深植人心的行動哲學：行善不能等、支援要超前。

我與作者楊雅婷女士的結緣，始於一段跨越二十年的生命交會，我先認識並知交的是她的父親楊燦煌總監；因緣際會在好友李偉立的引薦下，參加國際獅子會的活動與楊總監及其家族熟識。他們的公益行動從不張揚，卻總是主動積極、溫暖又紮實。

多年來，我見證了這個家族在公益活動、醫療捐贈上的深耕，從捐血車到復康巴士，從教育獎學金到環保愛地球行動。公益，真的不分大小，每一份付出都令人感恩，例如，有年冬季，來自楊總監的「棉被捐贈」就讓我們醫院的安養之家病房增添了溫暖與溫馨。

這些都是書裡所強調的：「**公益不是等危機發生才開始，而是在平日就默默準備著。**」

而這本書的作者——楊雅婷女士，不只承接了家族的信念，更以自己獨特的細膩與創造力，重新詮釋了「公益」的模樣，**並獲得二〇二三年全國好人好事代表的肯定。**我們接洽過無數的公益團體與捐贈單位，然而，像雅婷女士這樣主動、積極，且深具想法並有能力策畫掌握各種精彩公益活動的年輕女性，實屬難得。

透過這本書，我更了解她所自籌舉辦的各種活動，包含捐血、奉茶與愛心傘；以及兒童攝影比賽、樹屋建造、反毒講座，以及對病房資源支持，每一項行動都是從生活出發、從人本出發的溫暖實踐，尤其是針對下一代的愛與關照。

我們在醫院，感受特別深刻；兒童的醫療資源，是最容易被忽略、卻又格外重要的一環。感念在社團公益與企業家支持下，我們雙和院區的兒童病房有了更溫馨精緻的彩繪，也增添了更高價值的診療設備，這與本書作者深耕關切下一代的公益需求的理念不謀而合。

雅婷女士讓我們看見一位女性領導者勇敢走上「前線」的自我實踐。她不僅出資、出力，更親身投入捐血車、復康巴士、急難救助與環保教育等領域，展現出極為稀有的整合能力與執行力。她的公益行動，不只是「做」而已，更是「懂得醫療前線的需要在哪裡」——這種理解與配合，對於我們醫療體系來說，彌足珍貴。

回看那段疫情爆發的日子，捐血存量告急、防護物資幾近告罄，社會對醫療的信任與支援，成為我們撐過風暴的重要力量。而這份力量，來自那些在平日就願意默默行善的人們，來自那些不等待災難發生、就已經在行動的人。

每一位站在第一線的醫護人員，都需要這樣的夥伴；就像雅婷女士這樣的「後勤盟友」，願意在平時就備戰、在小事上不輕忽，著手於看似微不足道之處，持續為這個社會添上一筆筆可靠的善意資本。

在我看來，這本書不只是一部公益紀錄，更是「社會需求關注指南」；隨著書裡的真實故事，提醒我們，唯有時時留心、有備無患，災難來臨時，社會才不會措手不及。

期盼各位讀者不僅享受閱讀、分享推廣這本好書，也一起在日常生活中，把「行善」變成一種選擇與習慣。從一袋血、一台車、一把傘、一瓶水做起，讓我們的愛，真正永無止盡地流動下去。

▲ 作者獲選 2023 年全國好人好事八德獎代表，由內政部林右昌部長頒獎。

推薦序 8

希望相隨，為善最樂

中華民國表揚好人好事運動協會　秘書長
萬惠誠　先生

《讓愛無止盡流動》告訴我們，
及時行善、有愛最美；希望相隨，為善最樂。
這是一本值得一看再看的書，
德風吹拂香滿溢，愛心廣被一生富。

推薦序 9

讓愛無止盡流動，點亮無數希望

臺北市士林區蘭雅國小　校長
藍惠美　女士

細細品閱楊雅婷董事長的《讓愛無止盡流動》，我便深深感受到字裡行間流露出的溫暖與力量。

楊董事長與她的夫婿陳君毅總經理長年投入公益，將愛化為實際行動，影響無數人。最讓我印象深刻的，是她不僅自己行善，更致力於喚醒更多人的愛心，讓這份善意如河流般綿延不絕。

愛的建築，樹屋的誕生

書中有一段故事，特別讓我感動不已——楊董事長與先生陳君毅總經理為我們蘭雅附幼打造了一座休閒遊憩平台（簡稱樹屋）。

我有幸見證了這不僅是公益捐贈，還是一個教育築夢歷程，更是一場愛的接力。從最初的構想到籌備過程，小朋友們化身小木匠參與施作，合力扛木板、用電鋸鋸木頭，用電鑽鎖螺絲……他們真是史上最牛的小工匠。

過程中，他們夫婦倆無不親力親為，更帶領公司同仁及子女共同投入，最終讓樹屋在孩子們的笑聲中誕生。

我仍記得樹屋啟用那天，孩子們滿懷驚喜地踏進這個祕密基地，穿梭在高高低低錯落有致的魔術空間中，和小夥伴們一起享受快樂自主的遊戲方式，眼神中閃爍著光芒。這樣的瞬間，正是愛最動人的模樣。

親身參與，感受愛的溫度

有幸能參與這場公益行動，讓我深刻體會到，善意不只是捐贈物資，更是一種用心經營的承諾。楊董事長總是說：「做公益不是單方面的給予，而是讓彼此都變得更好。」這句話讓我深思，原來，每一場善行，不僅改變受助者的未來，也豐富了行善者的生命。

樹屋的落成，不僅為孩子們修建一座休憩平台，更是為我們這些參與者種下一顆希望的種子。楊董事長溫暖的心，臉上總洋溢著的笑容，可以深刻地感受到，她做公益時，內心是無比的真誠和喜悅，她的愛是非常和煦有溫度的。

如何讓愛流動得更遠？

許多人想投入公益，卻不知從何開始。這本書提供了無數實用的方向，讓我們明白，行善不必等待，只要願意，隨時都可以付出。

楊董事長的經歷告訴我們，公益並非遙不可及的大事，而是生活中的點滴善意。無論是一本書、一場陪伴，還是推動一個專案，每個人都能找到適合自己的方式，讓愛延續；讓愛源遠流長，讓愛擴散的更廣更遠。

一本值得珍藏的書，一場心靈的洗禮

與過去閱讀的公益或勵志書籍相比，《讓愛無止盡流動》最大的不同，是它不僅分享公益理念，更提供了切實可行的行動指南。書中的故事真實而動人，每一頁都在提醒我們：愛，是可以被傳遞的，行善，是可以被實踐的。

如果要用一句話推薦這本書，我會說：「這是一本讓你讀完後，會忍不住想立刻行動的書。」無論你是已在公益路上的同行者，還是正思考如何踏出第一步的人，這本書都將給你最溫暖的指引。讓我們一起，讓愛無止盡流動，為這個世界帶來更多美好與希望。

▲ 除了打造樹屋，由楊董事長發起的獎助學金截至 2025 年已經辦到第三屆，楊董事長不時會回來探望孩子們，這一份伴隨孩子成長的公益之心，帶給我們無限溫暖與感動。

Preface

作者序

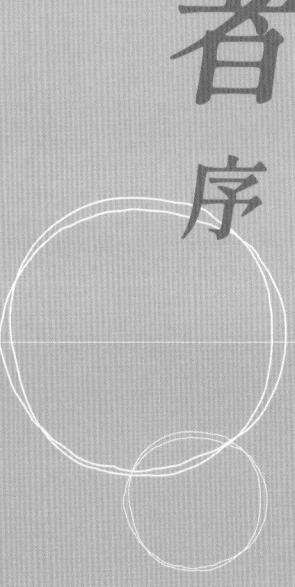

作者序

小付出大公益，愛無止盡！

作者 楊雅婷

我出身於一個經商的家庭，但生活並不特別奢華。父母用他們行動教導我們：「錢應該花在更有價值的地方。」

我的父母長年投入公益，將善行融入日常，而我在耳濡目染之中，年幼時便見證了世間的悲喜無常，也從中學會了理解和同理，那些身處困境中的人們正面臨著怎樣的挑戰。

長大後，我追隨父母的足跡，在公益道路上不遺餘力，特別是在捐血行列裡，全心投入，深感這不僅是助人的行動，更是心靈的滋養。父母用他們默默行善的身影，給我上了一堂又一堂寶貴的生命課程。

無形的手，推動我在公益路上前行

對於這本書的完成，深懷感恩。

感謝渠成文化總監及主編的用心，鼓勵將公益的19堂課，透過文字讓愛無止盡流動，每一堂課，都是一個故事、一個啓發，將我的公益精神和價值觀一代代傳承下去。

另外，也特別感謝本書所有的推薦人：建築學者李清志教授、新光醫院侯勝茂院長、台北市張斯綱議員、我多年的好友知名節目主持人趙婷、雙和醫院劉如濟副院長、好人好事運動協會的萬惠成秘書長、士林蘭雅國小藍惠美校長。因為有你們的愛與支持，我在這條公益之路上從不孤單。

公益路上的鼓舞與啟發

二〇二三年榮幸獲得全國好人好事代表，此為「公益界的奧斯卡獎」。這份榮耀讓我感受到莫大的鼓舞。本身所做所言從來不是為了獎項，對於這項肯定，就像一束溫暖的光，照亮了我前行的路。

頒獎典禮當天，有幸代表所有得獎者在記者會上致詞，我與幾位前輩交流，他們分享的公益故事也深深觸動了我，每一位願意付出的人，都是帶著光芒行走的個體，無私的照亮大家。雖然我們的行善之舉各有不同，但彼此的心意卻如此相通。

想改變世界，公益是很好的起點。但要讓影響力更深遠，組織能力與資源同樣重要。當我們還沒有足夠的經驗、資金或人脈時，可以透過參與公益活動，集合眾人的力量；而當我們擁有更多資源時，則能主動策劃公益行動，帶領更多人投入，讓善的影響力擴展得更遠。

我很欣慰身邊的人都非常支持我的公益行動，特別是家人及同仁，他們幾乎參與了每場活動；因此，這段公益之路不是靠一個人完成，而是依賴大家共同努力，才能走的更遠。

期待與你同行，攜手點亮希望

行善的人最快樂，也最富有。這是一條需要堅持的道路，但它所帶來心靈的富足遠超乎想像。我希望讀者們能從中明白，幫助別人並不需要等待「最好時機」，而是任何時刻都是最好的開始。一個簡單的舉動、一個善意的微笑，都可能成為改變別人的契機。

我們攜手行善，哪怕是一點點心意，也能匯聚成改變世界的力量。

今天，就讓我們一起為這個世界點亮更多的溫暖與希望！

目錄

第1章 春

萌芽

種下一顆公益種子

春天，象徵著新生與希望。在這個季節，我們探索了「公益事業的初心」，從小事做起，傳承父母的愛心，讓愛無止盡地流動。無論是自發性的奉茶行動，還是熱血捐血活動，我們見證了愛心的力量如何在社會中萌芽，並期待這些善舉如春天的嫩芽，帶來無限的希望與成長。

第2章

夏 豐饒

發揮創意與愛的季節

夏天，象徵著豐饒與熱情。在這個季節，我們以「創意與愛心」為核心，舉辦了充滿意義的公益活動。從夢想中的房子繪畫比賽到親子定向活動，孩子們用無邊的想像力描繪未來，透過共同的努力實現夢想。這些活動如夏日陽光般溫暖人心，讓我們在付出中看見世界的更多可能性。

第3章

秋知韻

讓我們從溫暖出發

秋天，象徵著成熟與反思。在這個季節，我們從行善的腳步中感受收穫的溫暖。從捐贈復康巴士到清寒學子的獎學金計畫，以及愛心便當與淨灘行動，每一個善舉都像秋天的果實般，累積溫情與感動。我們深信，施比受更有福，願這些公益行動啟發更多人心中的善意。

第4章 冬暖藏

收獲無盡的愛與希望

冬天，儘管寒意襲人，卻蘊藏著愛與希望的力量。我們透過探索家鄉文化、用孩子純真的視角重新審視世界，以及參與海洋保護與導盲犬推廣的公益行動，讓這個季節溫暖而有意義。每一份努力都在為生活增添更多感動與善意。

後記

第1章

春萌芽

種下一顆公益種子

春天，象徵著新生與希望。

在這個季節，我們探索了「公益事業的初心」，從小事做起，傳承父母的愛心，讓愛無止盡地流動。

無論是自發性的奉茶行動，還是熱血捐血活動，我們見證了愛心的力量如何在社會中萌芽，並期待這些善舉如春天的嫩芽，帶來無限的希望與成長。

01.

一件最大的小事

公益事業的初心

傳承自父母的愛心，是我行動的起點

很多人問我，為何熱衷於公益事業？因為，我有一個美好的理念，希望透過自己的小小付出，能為世界創造更有意義的明天。

這樣的信念源自於我的父母，他們長年行善，言傳身教，讓我耳濡目染，也深深體會到行善的喜悅。感謝父母親，他們是我心中最好的榜樣，辛勤工作之餘，總是謹記取之於社會，回饋於社會的道理。

父母的熱心，埋下我公益事業的初心

我感激我的父母，他們的完全信任和無私付出，深深影響了我的人生觀。記得有一次，近友的妻子罹患癌症，病況急轉直下。他們家育有兩個年幼的孩子，面對龐大的醫療費用和生活開銷，顯得捉襟見肘。那次探望後，他們的艱辛深深觸動了我。

為了幫助他們，我試圖聯絡一些公益團體，卻發現許多團體的援助對象僅限於會員。無奈之下，我向父親提到此事。他聽完後，只問了一句：「他們需要幫助嗎？」當我點頭時，他毫不猶豫地開出了一張支票，從未追問這筆錢的去向。事後，當他得知這位母親仍然不幸過世時，也主動詢問是否還有需要幫忙的地方。

有些人或許認為我父親是否太好說話？這樣會不會帶來無妄的損失？其實並不會，父親非常懂得「量力而為」，而且秉持著「救急不救窮」的初心。曾有朋友的一位遠房親戚因車禍意外去世，留下兩個尚且年幼且有智能障礙的孩子時，父親得知這件事後，他除了當下給予度過難關的資助，更重要的是聯絡了三個公益團體一同協助這對兄妹，把後續撫育的工作交給專業的團體，讓資源與協助發揮在最適切的當下。據了解，這兩個孩子也非常爭氣，近年獲得青年楷模的榮譽肯定，讓人倍感欣慰。

真心的付出，不須追問後續

最近一次讓我印象深刻是二〇二四年七月贊助新豐國小棒球隊奪得世界冠軍（詳見本書04篇），父親在新聞上看到少棒隊的需求，二話不說就慷慨解囊。後續的細節從不過問，因為對父親來說，既然選擇了付出與支持，就讓事情自然往圓滿的方向發展，並接受其結果，不作過度干預，也不需要藉此彰顯自我。

父母親的行善哲學深深影響了我。他們始終默默行動，也不要求回報，只相信善意應該如涓涓細流，悄然滋潤每個角落。他們更教會我真正的公益是在於「真心為需要的人點燃希望之火」，讓愛與善意在他們的生命中綻放。因此，孩子們奪冠的那一刻，不僅是對自己努力的肯定，也是對我們這份支持最好的回饋。

受父母親影響，我在聽聞他人需要幫助時，即使素未謀面，也會習慣性地伸出援手。這樣的行為已經成為我的本能，並非為了某種目的，而是單純因為「有人需要幫忙」。

▲ 新豐國小在日本獲得 2024 年軟式少棒世界冠軍的那一天，校長第一時間就傳來照片與我們分享獲勝喜悅。

擁有行善的能力，讓世界變得更美好

作為一個有能力幫助他人的「付出者」是需要本錢的。因此，我也走上了創業之路。經營事業除了帶給自身無虞的家庭生活，更重要的是回饋社會。我深信，企業越大，資本額越雄厚，肩負的責任也就越重大。

更美好的是，家人們都非常支持我的公益之心，全家一起參與公益事業的時光無比愉悅，幾乎我的每一場公益活動，都能見到家人們的身影，且樂在其中。

我想推崇的理念是：「主動付出更多，願意發自內心，用金錢與行動去做更有意義的事。」因此，除了捐款我更喜歡親自籌辦公益活動，不僅保有自主性、毋需迎合任何附帶條件，這樣才能確保行善的初心不打折扣。

曾經，我也把錢投進那些放置在店面的捐款箱，甚至讓某些單位把捐款箱放在公司，但是，這樣的捐助方式無法看到實際善行，不免令人心生疑惑：錢去哪裡了？做了哪些事呢？

曾經，我問把捐款箱抱走的志工：「什麼時候可以知道裡面的金額，以及後續的用途呢？」他們也一問三不知。說真的，我介意的並不是捐款箱那一點金錢，而是到底有沒有幫助到對的人、事、物身上，並且創造有效的公益價值。

見父母無悔行善，立志也要領人行善

小時候與母親外出，只要看到乞討者行乞，母親總會捐錢，但年紀尚小的我手上沒有錢，但也會希望能有一份貢獻之力。有一次，遇到一位乞討者行乞，母親給他錢，我則把剛買的兩個麵包分享給他。萬萬沒想到，那個乞討者冷冷地瞄了一眼，就隨手把麵包往旁邊一扔……

這一幕給了我極大的衝擊。乞討者為了生計上街乞討，但他要錢，不要可以裹腹的麵包？這到底是什麼道理？麵包不是錢買來的嗎？麵包不是才能立刻幫他填飽肚子的嗎？

當然，這或許是那個乞討者的個人行為，但確實打擊了付出者的一份善意。我一度跟自己說，以後再也不會對乞討者起惻隱之心。然而，父母卻持續無怨無悔地行善付出，從未要求回報，也不曾強迫我一定要跟著做。

父母堅持默默行善多年，始終相信善行本質純粹，有多少能力做多少公益。在我長大以後，也陸續策畫舉行了許多公益活動，這期間感受無數人情冷暖，讓我漸漸釋懷並且理解一個重要的道理：付出的善意，不該因為獲得的回應而受到影響，行善的初衷，就是「善」本身。

如今，我也成為帶領別人一起行善的人，持續做著讓人開心的事情，種下一個個愛的種子。

一年下來，由我們企業主辦大大小小的公益活動，高達十場以上，幾乎每個月都有相關的回饋與貢獻，更期盼我們的努力能拋磚引玉、推己及人，帶動公司的夥伴與社區的鄰居，一起為他人點燃一份小小的希望與溫暖。

行善公益是一條漫長的旅程，不求快、不求多，但求每一場活動能夠感動一至二位，宛如種子般的向下紮根，相信這一份善意必能開花結果、生生不息，這就是生命價值的體現。

▲國中時期的全家出遊合照，感謝父母親給我們豐富精彩的成長回憶。

02.

一杯茶、一把傘，讓愛無止盡的流動

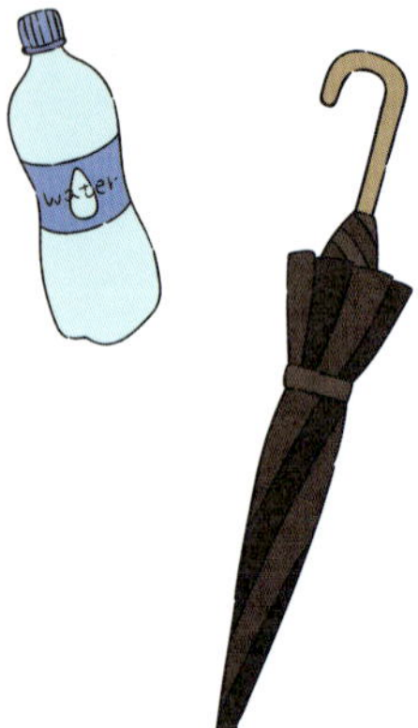

公益，就從將心比心的基本需求開始

從二〇二二年六月開始，我們平日都會將一台放滿清涼礦泉水的攤車，推到一樓門口人行道上。初衷很簡單，天氣酷熱難耐，希望路過的行人能夠有瓶水解渴。起初，我們在攤車上掛上「奉茶」兩個大字，結果一整天毫無動靜，沒人敢拿水。

或許是這兩個字太老派？又沒有來由，讓人感到不安心。因此，我們又做了DM，註明是免費贈送，並且在每一瓶礦泉水上貼了公司「宏利發」的貼紙，這才開始有人伸手索取。

持續奉茶五個多月，我發現這個活動越來越有趣，忍不住就想要再多做一些。除了瓶裝水，又多放了餅乾、防疫期間必備的酒精，並且擺上女兒親手做的手工花束作為裝飾，希望攤車能充滿美感，讓索取的人感受溫暖。

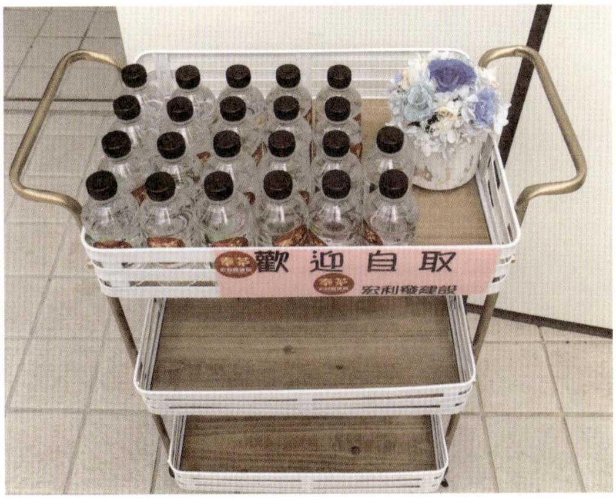

捐贈的良善之心不該被輕視

我曾在學校當過愛心媽媽，幫忙整理送給偏鄉孩童的禮物，任何簡單的物品加上精美的包裝紙，感覺就能煥然一新，包裝的過程彷彿就能看見孩子們開心雀躍拆禮物的樣子，滿足了收禮物的快樂又能獲得實用的物品，真是太棒了！

然而，在整理捐贈物品時，卻發現有些人好像把捐贈當成了一種雜物出清，許多明顯看起來有使用痕跡的物品，甚至有幾次，當我打開包裹發現內容物是破爛不堪的雨衣時，內心震撼不已，怎麼會有人捐出這樣的東西呢？

我常想，若是我滿懷期待的收到禮物，裡面竟然是廢棄品，我的心裡一定會更加失落難受。每一位收禮人都值得被真心對待，他們的期待應該被珍視，而不是輕易地被忽略或辜負；付出的每一份善意，都應該帶著尊重與溫暖，讓人感受到真正的關懷。

因此，當時我就在心中暗下決心，未來若是要做公益或愛心活動，我一定要把對方當作是貴賓般對待。萬萬沒想到，即便我的初衷如此純粹，只是希望拿出去的東西，看起來乾淨、漂亮，不因為是免費就草率對待，應付了事。

然而每個人看待這些物品的想法卻大相逕庭，一不小心，還考驗了人性。本來只是供應礦泉水，但攤車上不僅酒精瓶、盤子被拿走了，連我女兒手工自己做的裝飾花束也下落不明。

有些「超過」的行為的確讓人感到好氣又好笑，但是，在行善過程中也遇到滿多好心人，公司樓下提供自助奉茶服務，由於無人看管，下午陽光會照射到攤車，經常有好心人自動幫我們把攤車移動到陰涼處。

後續，由於「奉茶行動ＡＰＰ」的推廣與普及，我們也加入了這個別具意義的社會環保計畫，並成為據點之一，原本的攤車自然功成身退。但有趣的是，習慣我們攤車的朋友，仍不時來等看看、或是詢問「怎麼今天沒有出攤呢？」由此可見，雖然沉默的付出不求回報，但並不是沒有被看見，也在不知不覺中，真的為許多人帶來了幫助吧！

不用歸還的愛心傘，讓愛傳出去

奉茶後，隨之開始的是「愛心傘」活動，理念其實大同小異，都是希望能夠滿足有需要的人，給口渴的人一瓶水，下雨的時候給人一把傘，雪中送炭尤為珍貴，即便是一個小小的動作，也可以幫助到別人，溫暖別人的心。

以前，我曾拿過別人的愛心傘，發現傘上印著大大的「愛心傘」字樣，讓人倍感壓力，有時候，拿到愛心傘的地方也不一樣能順路歸還，但上面「愛心傘」三個大字又會時時刻刻提醒你沒有歸還，真是令人不知所措。

因此，我發送的愛心傘上只印有「宏利發建設」五個字，歸還與否隨意，其實，愛心傘的目的就是傳遞愛，用過的愛心傘若能流轉到其他需要的人手上，那就是愛的延續，也是愛心傘的真諦。

關於愛心傘，我記得有兩件事讓我很感動。一次是下大雨，我在路上看到一位撐著我們愛心傘在接送孩子的媽媽，媽媽用雨傘守護她的孩子，而我們提供的雨傘則成為她們的庇護，真是非常溫暖。

還有一次，我搭計程車時，下大雨但司機大哥看到我沒帶傘，主動拿了一把傘給我使用，當下我的心中暖意洋溢，買了那麼多愛心傘幫助別人，如今，我也能獲得陌生人的幫助，真好，足以證明，愛是會流動的！

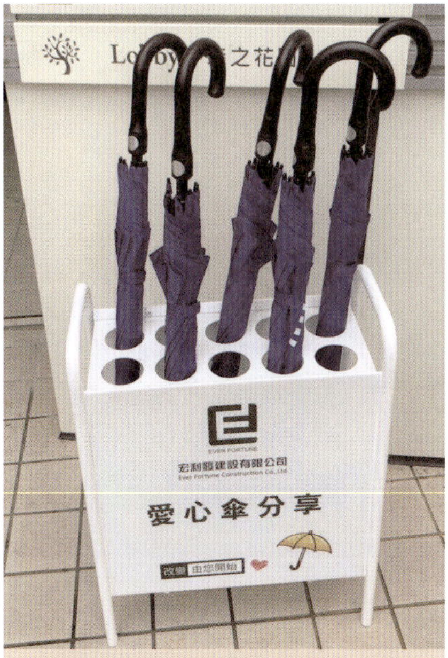

▲ 歡迎來向我們借把傘，不用急著還，但希望你能把它分享出去，讓愛無止盡流動。

COLUMN

奉茶行動

總統盃
卓越永續社會企業

「奉茶行動」是一項由原點社會企業（CircuPlus）於 2020 年發起的公益飲水計畫，旨在推動「REFILL 100% 喝水零廢」的全民運動，鼓勵人們自備水壺，減少一次性塑膠瓶的使用，從而降低環境污染。

透過開發「奉茶行動 APP」，該計畫串聯全台超過一萬三千個公共飲水機和友善店家，讓民眾可以輕鬆找到附近的免費補水地點。此外，APP 還提供飲水目標設定、飲水量紀錄等功能，幫助使用者養成健康的飲水習慣，同時參與減塑行動。

截至 2024 年，奉茶行動已串聯五十多家政府單位與上市櫃企業，以及兩千多家合作店家，共同實踐「從喝水開始減塑，地球永續即刻看見」的目標。

透過這項行動，民眾不僅能夠隨時隨地補充水分，還能為地球的永續發展盡一份心力。

＊上述內容摘自官方網站，歡迎洽官網了解詳細資訊或最新情報。

03.

挽起袖子，熱血不分你我

讓捐血車滿載而歸是最大的幸福

在我兒時的記憶中，「捐血一袋，救人一命」遠不只是一句公益宣言，它是我成長道路上的背景樂章。我的父母長期在新北市蘆洲的土地公廟前舉辦捐血活動，每年四次，這些活動不僅是我童年歡樂的泉源，也是我學習關懷與奉獻的起點。

透過父母的帶領，截至目前，我們家族已捐贈了「淵文・玉霞號」等七台捐血車給台灣血液基金會，見證了「熱血」的力量。

隨著時光流轉，我遷居到了天母，一塊待我深耕關懷的新土地。在這裡，我們選擇了人流如織的家樂福，位於捷運芝山站附近的一個標誌性地點，繼續傳承家族的愛心傳統。天母家樂福常年人潮鼎盛，是舉辦活動的絕佳地點，尤其適合捐血車這樣的大型車輛停靠。觀察來參與捐血活動的人，多數有捐血習慣的天母居民，他們樂於定期捐血。我們選擇這裡，不僅提供了便利，更藉此提升活動的黏著度與參與感。

我們首次在天母家樂福舉辦的捐血活動，是疫情期間的二〇二二年四月十二日，正是我的生日。那天成功募得**九十三袋血**，在公益之路寫下了里程碑。也特別感謝張斯綱市議員、士林區蘭興里林文龍里長、台北市蘭雅國小藍惠美校長、台北市蘭雅國小附設幼稚園淑華主任，台北捐血中心林敏昌主任等共襄盛舉。

當天活動現場氣氛熱烈，充滿愛心，我們的好鄰居國泰世華銀行蘭雅分行陳襄理、陽信銀行陳經理、甜甜圈店老闆娘與溫德餐廳老闆及左鄰右舍，皆大力支持，不僅幫忙宣傳，甚至把活動海報貼在店門口，吸引更多人參與。有些店家更是一次帶來十多位同仁一起挽袖捐血。看到這樣的場景，我深受感動，並期許自己將來能繼續種下更多愛的種子，讓善的力量不斷延續。

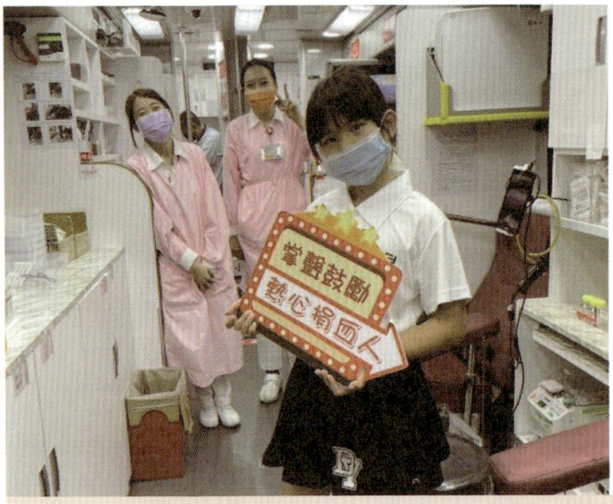

▲ 111 年 4 月 12 日，在我生日這天，感謝台北市議員張斯綱、蘭興里里長林文龍、捐血中心林主任以及天母鄰里一起來共襄盛舉，共創捐血佳績，也留給我很難忘的生日回憶。

拋磚引玉，棉花糖阿伯也來捐熱血

當然，捐血的贈品存在著絕對的吸引力，但這並非影響捐血人士出門挽袖子的唯一因素。氣候條件如颱風、雨天或是極端的氣溫，其實都會影響人們的捐血意願。尤其，像是疫情期間，捐血推廣上更為困難。

然而，我堅信「風雨無阻」的精神；如果捐血車只是停在捐血中心的停車場，也許想要募集一袋血都不容易。但是，只要它開到人群中，總會有人響應呼喚，踏上捐血之旅。這就是我經常說的：「只要捐血車來了，人自然會跟著來。」因為每一袋血液都可能意味著拯救一個生命，每一次出動，無論結果如何，都是值得的。

在一次活動中，我們邀請了一位賣棉花糖的阿伯。是多年前在夜市認識的，雖然他有點行動不方便，但仍然細心的捲出一朵又一朵如雲般的棉花糖，為孩子與大人帶來歡樂。因此，能透過他的雙手讓捐血活動更添一分童趣與甜蜜，是非常棒的一件事。

那天，棉花糖阿伯不僅為勇於捐血的捐血者奉上棉花糖，也滿足了現場還不能捐血卻依然被吸引的孩子。我們期盼這小小的一支棉花糖，能帶給孩子正向甜美的回憶，讓他長大後也能樂捐熱血。更重要的是，當阿伯的工作告一段落，他收拾好攤位後，自己也走上了捐血車挽起衣袖捐血，留下對我們的一份支持。

阿伯的行動，無疑是對我們的努力帶來肯定，這也讓我體會到每一次的付出，無論其大小，都具有無可取代的價值。

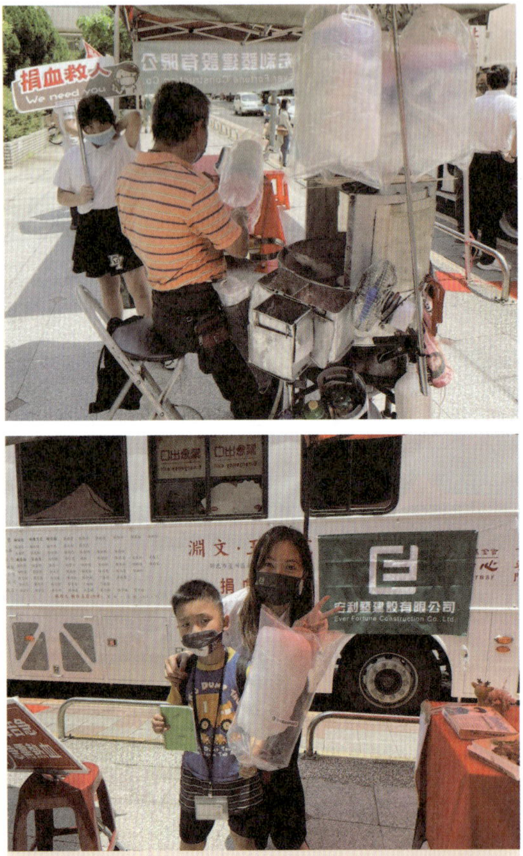

▲ 香甜的棉花糖吸引了小朋友，也希望因此能在他們心中留下對捐血活動的正向回憶。

熱血滿滿，回憶也滿滿

一年間，由我們發起的捐血活動往往不只一場，但每一場都有獨特的精采回憶。二〇二二年七月四日，我們出動父母親及家人捐贈的「淵文・玉霞號」捐血車。自此，捐血活動便成為我們的常態公益項目，每次舉辦都會結合不同節日，推出相應的獎勵和宣傳方式。

二〇二三年二月十四日西洋情人節，我們舉辦了一場特別的捐血活動，不僅贈送家樂福禮券，還附贈金莎巧克力，鼓勵大家攜伴前來參與這項充滿愛心的行動。活動得到張斯綱市議員、里長以及眾多鄉里的響應，當天募集了**九十八袋血液**。記得那天天氣很冷，但現場的熱情溫暖了每個人的心。

有時候，我們的公益捐血活動也會被捐血中心主動邀請。二〇二三年六月十四日為世界捐血日，捐血中心知道我們常定期舉辦捐血活動，所以邀約這天也再辦一場捐血。雖然時間較緊迫，但我們同仁仍快速籌劃了一場捐血活動，因為捐血一袋，救人一命。當天天氣炎熱，我們發現極端氣溫會影響人們捐血的意願。然而，令人感動的是，公司有四位同仁響應世界捐血日男生捐五〇〇cc，女生捐二五〇cc。

二〇二三年九月四日，我們選在先生的生日這天舉辦捐血活動，這樣的特別日子讓公益行動更有意義。然而，這天「海葵」颱風也不期而至，我們嘗試以現金紅包獎勵吸引捐血者，即便如此，颱風仍讓捐血人數受到不小影響，但我們依然感激每一位風雨無阻的參與者。

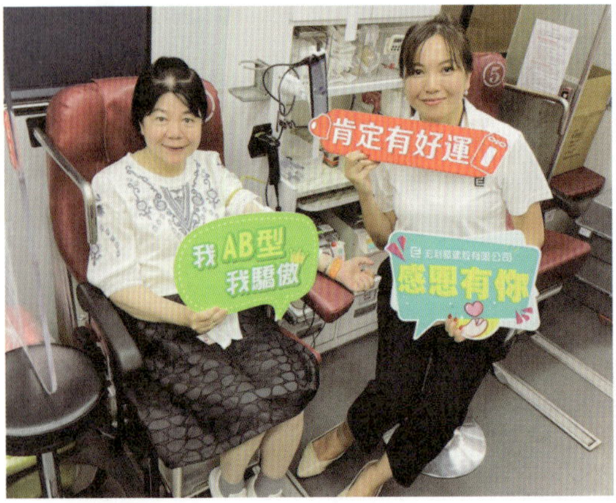

I
捐血

捐血有愛
因為你在
A
B
O
AB
透過QR code
預約捐血時段
可以再獲得精美盆栽一盆
歡迎有愛心的您一起來響應!
感恩禮~感恩紅包
捐血時請記得攜帶身分證
宏利發建設有限公司
Ever Fortune Construction Co.,Ltd.
捐血時間：112年9月4日 星期一
上午10:00 -下午4:30
捐血地點：天母家樂福(士林區德行西路47號)
主辦單位：宏利發建設有限公司
協辦單位：楊淵文慈善基金會
財團法人聯合醫學基金會
台北市議員張斯網
士林區蘭興里辦公處
繁花妍非營利機構

防疫措施不馬虎
捐血救人不停歇
捐血行動
一起熱血吧！
缺血

永遠相信，世間有純粹的善良

這些年來，我們的堅持和努力超越了單純的捐血行為，其實更想傳遞一種信念——相信這個世界充滿了純粹的善意。每一份助人為樂的行動，都能引發漣漪效應，逐步向外擴散。

每一次的捐血召集，不只是滿足對血液的需求，更是對公益之心的啟迪。從免費的飲用水到街頭的香蕉贈送，每一個細微的舉動、一段設計過的趣味互動，我們都在提醒大眾，這是一個充滿愛的社會。

我們還曾經把宣傳海報直接貼在身上，對路人說：「來玩個猜拳遊戲？贏了我們就送你香蕉喔！」透過遊戲互動吸引他們的注意力，進而推廣捐血。

讓人意外的是，許多路人對於「只要贏了就能得到香蕉」這個「天上掉下來的禮物」感到驚訝與不解。由於當時正值香蕉盛產期，我們會挑選香蕉作為禮物，也是有一份「幫助蕉農」的善心，期望創造多贏。

然而，公益的道路上也會遇到挑戰。有時，我們會為捐血贈品的選擇而感到苦惱，例如，有人因為吃素無法使用牛排券，讓我們不得不重新思考合適的選項。但也有捐血者用實際行動教會我：「不必為贈品起煩惱心。」他們堅持捐血不是為了任何回報，而是單純為了救人。

每場活動中，總有幾位捐血者堅決不收贈品，甚至表情嚴肅地表示：「我來這裡，只是為了捐血救人，除此之外的事情，一點也不重要。」他們的純粹善意如同一道光芒，讓我深刻體會到人性中最真摯的美好。

此外，公益的力量往往能感染身邊的人。有一次，一位麵包店老闆在得知我們舉辦捐血活動後，主動提出願意免費提供麵包作為贈品，希望能為活動貢獻一份心力。這樣的小小善舉讓我感受到，人人都可以參與公益，哪怕只是一點點心意，也能產生意想不到的影響力。

或許有人會覺得我們的行動過於傻氣，但這些點滴努力背後，是對世界善意的堅定信念。即便短期內看不到回報，甚至連一句「謝謝」都聽不到，我始終相信，上天會用祂的方式回饋這些善行。而真正的回饋，是看到愛的種子不斷萌芽，帶動更多人加入這場充滿愛的旅程。

▲邀請路人參與「猜拳贈香蕉」的小活動，帶動捐血的熱情與注意力。

一千袋血的願景，期待你的加入

「捐血一袋，救人一命」和「我不認識你，但我感謝你」不只是捐血活動的口號，它們是我們信念的真實體現。

我曾聽聞身邊人的生死經歷，如一位美容師朋友在順產後經歷了嚴重的血崩；另一位朋友也面臨了類似的危機，這些故事讓我深刻意識到日常捐血的重要性。

從我們的公益之路起步，就發現做公益能夠感染和激勵周圍的人。甚至有房屋仲介店家號召員工一起來捐血。這些經歷告訴我們，做公益的可能性無處不在。

有時候，我會忍不住想，如果每台捐血車每天可以收集到八十袋血，按一年三百六十五天來算，假設扣除沒有安排勤務的日子，計算為三百天，那麼一台捐血車一年就可以募集兩萬四千袋血！每袋血都可能拯救一條生命，挽回一個家庭，這樣的數字背後隱藏著無數的希望與感動。

試想，每台捐血車能如此穩定運作，一年能救助多少生命、帶給多少家庭團圓的機會？這樣的思考總讓我心潮澎湃，因此，我給自己設立了一個目標：期許募集至少一千袋血，並持續實現這個目標。

我相信，只要堅持不懈，這份愛心一定能延續並感染更多人，讓生命的接力賽生生不息。

每次捐血都是對生命的貢獻。我們或許不認識需要救助的人，但這份無形的連結是世界上最美麗的紐帶之一。希望通過我們的努力，能鼓勵更多人加入這場生命的接力賽，一同體驗幫助他人帶來的溫暖和快樂。

	名　稱	捐贈年度	捐血量
1	明誠號	94	271,974
2	玉霞號	95	236,359
3	燦煌號	99	235,129
4	成功號	100	206,049
5	宗翰號	107	175,684
6	久久健康號	108	134,900
7	淵文玉霞號	111	88,748
	合　計		1,348,843

▲ 圖表出自《熱血雜誌》第 461 期，楊氏家族所捐贈的七輛捐血車，截至 113 年底共承載募集了 1,348,843 袋血液。

醫療財團法人台灣血液基金會
燦煌號
捐血車

醫療財團法人台灣血液基金會
宗翰號
捐血車

熱血樂捐人
該知道的事

COLUMN

關於捐血，其實有不少規定，根據醫療財團法人台灣血液基金會與侯勝茂所著的《小大人血液課》一書，我們彙整如下。

捐血的基本條件

年齡

17歲～65歲

・符合年齡且健康狀況良好者。

體重

男 50kg↑

女 45kg↑

・全血或分離術捐血，不論性別都要 60 公斤以上。

體溫＋血壓＋血液檢查

不能是發燒狀態。

血壓在規定範圍內。

血紅素符合規定數值。

其他（不適合捐血情況）

感冒、拔牙洗牙後、三高或腎臟病、肝炎相關、懷孕或產後、大手術後、軟式內視鏡相關處置後、刺青後、剛從病毒流行區回國。

捐血前的準備

01 前一晚要睡眠充足。

02 可以適量吃一點鹹的食物，幫助捐血後較快恢復血量。

03 前一天和捐血前記得要多補充水分。

04 捐血前不要吃油膩的食物，最好不要飲用含有咖啡因的飲品。

05 捐血前 8 小時不能喝酒。

06 近期 1 週內沒有服用任何藥物。

07 近期 2 週內沒有打針紀錄。

再次捐血的條件

01 分離術捐血

間隔是 2 週以上，每年最多可捐血 24 次。

02 全血捐血

捐 250cc 的人要間隔 2 個月以上，捐 500cc 的人要間隔 3 個月以上。男性每年捐血量限制在 1500cc 內，女性每年捐血量限制在 1000cc 內。

＊上述內容摘自官方網站，歡迎洽官網了解詳細資訊或最新情報。

04.

棒球，也是連繫家人的公益話題

支持運動團體，讓世界看見台灣

在棒球場上，帥氣的打擊、奔跑壘包與投球的身影，總讓人聯想到英姿煥發的男性運動員。然而，您可能不知道，其實有一群女性同樣熱愛這項運動，並且表現絲毫不遜色。這些女性成立了「台灣女子棒球運動推廣協會」，為女子棒球注入一股嶄新的活力與力量。

從初次接觸棒球的懵懂，到如今坐在場邊熟練地跟著節奏吶喊助威，我明白了棒球的魅力不僅在於比賽本身，更在於它所連結的情感與人心，我的

孩子們也深受棒球的魅力吸引，大兒子，曾是學校的棒球校隊。

驚艷！台灣竟然有女子棒球隊

在二〇二二年為孩子們尋找夏令營活動時，我意外發現了一個「女子棒球體驗營」。原本計劃參加他們的一場活動，但因臨時有事未能成行。因此，邀請了台灣女子棒球協會來到我們這裡舉辦了一場公益講座，讓更多民眾了解棒球常識及運動傷害需知。

許多人和我一樣，對於台灣有女子棒球隊這件事毫不知情。透過協會的介紹，我了解到女子棒球隊的資源遠遠落後於男子棒球隊。在隊伍擴編、場地安排、裝備配置等各方面，都面臨著嚴峻的挑戰。

台灣女子棒球運動推廣協會自二〇一三年成立以來，致力於創造國內友善且健全的運動環境，提升女子棒球運動的可近性。他們積極提供完整的女子棒球相關資訊，主動舉辦各類推廣活動，擴大參與的廣度。同時，協會也彙整相關文獻資料，記錄國內外女子棒球運動的發展歷程。

協會的宗旨在於推廣女子棒球於社會，加強女子棒球的能見度。他們希望透過持續的倡議與活動，創造一個友善且平等的棒球參與氛圍，讓女性都能在棒球運動中享受快樂與自在。為了支持這項打破性別藩籬的運動組織，我希望透過舉辦講座等方式，讓更多人認識女子棒球隊。畢竟，棒球是我們的國球，應該讓每個熱愛這項運動的人都有機會參與，無論性別。

支持女力揮棒，期盼未來佳績

女子棒球的推廣是一條充滿挑戰但意義非凡的路。

讓我感到欣慰的是，女子棒球隊已經成功走出台灣，站上國際舞台，這是一件值得驕傲的事。但要讓更多人了解這項運動的魅力，還需要更多資源的支持以及社會的認可。未來，我希望能透過更多實際行動，不僅幫助她們在國際舞台上發光發熱，也讓國內的基層女子棒球運動得以茁壯發展。

二〇二四年六月很榮幸以贊助者的身份，受邀參加《台灣女子棒球聯賽開幕記者會》。棒球不僅是我們的國球，更是連結性別平等與熱情的象徵。讓我們攜手支持女子棒球，為她們創造更多可能，也為下一代女性運動員鋪平更寬廣的道路。

公益棒球
職人講座
2024.01.27
BASEBALL
掌聲
鼓勵

女性棒球裁判
甘苦談
王曉玲
2024.1.27

宏利發建設有限公司
公益棒球職人講座
職棒球團的女性防護員
裁判 紀錄基礎教學 經驗分享
日期：113/1/27（六）
時間：1:00-3:30
報名連結掃描QR code
主辦單位：宏利發建設
講師-王曉玲老師、邱郁抒老師
你不知道的棒球女力_女性棒球職人經驗分享
13:00-13:10
「像女生一樣打球」-台灣女子棒球現況簡介
13:10-14:00
女性棒球裁判職涯與經驗分享
14:10-15:00
女性運動防護員職涯與經驗分享
BASEBALL

父親贊助新豐國小棒球隊奪得世界冠軍

棒球之於我們家庭，早已不僅是一項運動，更是一條連結愛與希望的橋樑。不僅是我們和孩子對棒球情有獨鍾，我的父親也深深熱愛這項運動。二〇二四年，陪父母前往北極圓夢，在船上的某個夜晚，父親突然提到，回台灣後陪他去一趟南投新豐國小。

他說，從新聞中得知這間學校有一支表現優異的棒球隊，但因經費不足，無法前往日本參加「第四十二屆日本ＩＢＡ世界軟式少棒錦標賽」，這讓他心生不捨，希望能盡一份力，幫助這群孩子們站上國際舞台。

回台後的隔天，我們清晨便驅車前往南投新豐國小，剛下車就受到孩子們的熱烈歡迎。他們跳著充滿活力的棒球舞，並送上球隊簽名的球棒和簽名球。這些禮物固然珍貴，但最讓人感動的，是孩子們臉上如陽光般的燦爛笑容，那份純真與感恩無疑是最好的回報。

新聞報導中提到，棒球隊仍缺少四十萬元的旅費資金，完成出國比賽的夢想。父親便決定捐款五十萬元，他說：「出門在外，難免會有額外的支出，多捐一點，讓孩子們能用得更好。」他的這份細膩體貼，讓我倍感驕傲與欽佩。

隨後，校長每天都向我們更新賽況，讓我們彷彿也置身於賽場。看著孩子們在賽事中對陣強隊如美國與日本後，竟然一路過關斬將奪得世界冠軍，我們全家都激動不已。父親聽到校長回報這個好消息時，也很高興，但隨後就關注其他事情了。

他從未以此邀功，更沒有要求任何形式的新聞曝光。他總是低調，將善行當作一種自然而然的選擇，而非自我宣揚的機會。父親的這份無私和大愛，深深影響了我。他教會我，真正的公益不在於形式上的張揚，而在於真心為需要的人點燃希望之火，讓愛與善意在他們的生命中綻放。孩子們奪冠的那一刻，不僅是對他們努力的肯定，也是對我們這份支持最好的回饋。

後續我們也收到了校長的感謝狀，以及球員的簽名球衣作為致謝與紀念。能夠推動台灣的棒球幼苗創下佳績，真的是非常榮幸的一件事，這些珍貴的禮物我也會一輩子好好珍藏。

“
冠軍隊員的簽名，
讓球衣變得不平凡，
感謝新豐國小的小選手
讓世界看見台灣。
”

南投縣新豐國小榮譽會長

感　謝　狀

(114)投新國小學字第 1140101006 號

茲感謝 成盛發建設公司楊燦煌總監善心捐助本校家長會會務發展基金，協助本校棒球隊赴日比賽勇奪冠軍及加油團為中華隊加油、協助選手生活照顧及健康飲食之慰勞、相關剩餘經費亦使用協助校方多項建設，改善教學環境。嘉惠學子！慷慨義行堪為社會楷模！

本會前會長特頒此狀敬表謝意

教育是用情用心的志業

教育路上有您相伴真好！

前會長　劉宗富

中華民國 114 年 1 月 20 日

助人為快樂之本
宏利發建設有限公司
南投首冠
棒好
豐新
給我一個讚
感恩有你
今朝新豐
明日驕傲
中華民國113年7月11日
成盛發建設股份有限公司
軟式組
全國賽冠軍
南投新豐國小棒球隊
捐贈
日本比賽旅費
五十萬圓整
NT$500,000

05.

一場魔法表演，為孩子點亮不一樣的兒童節

即使在兒童醫院，也能種下快樂的種子

每年四月，我們都習慣為孩子舉辦一場充滿歡笑與驚喜的兒童節活動。因為我們相信，無論身在何處，孩子都值得被疼愛，也都應該擁有快樂童年的記憶。

在二〇二五年三月二十七日，我們選擇把這份心意帶進台大兒童醫院傳播歡樂傳播愛。或許很多人並不知道，台大兒童醫院其實非常用心，常常舉行各種活動，因為他們深深理解生病的孩子來到醫院，是更加需要愛與陪伴。

活動地點選在台大兒童醫院一樓，開放式的空間，平時病患、家屬、醫護人員都會經過，來來往往的人潮中，我們搭起歡樂魔術舞台，佈置了氣球、掛上色彩繽紛的歡樂標語，也請來了熟識的神奇傑克魔術師、活潑的小丑叔叔，還有可愛的帶動唱姐姐，特別設計了一場兒童節快樂小劇場。

為了孩子們，我們甚至安排了巧虎現身，那一刻真是全場尖叫聲最高的時候——小朋友眼中的「巨星」，真的就非這隻可愛的大貓咪莫屬。

起初我們原先以為，觀眾會以來看診的孩子為主，但沒想到有些住院病童在得知一樓有活動後，竟有不少小朋友在父母、親友陪伴下特地前來觀賞——有的還手上插著點滴，有的坐著輪椅。不變的是，那一雙雙天真無邪的眼睛，閃爍著期待的光芒。那一刻，我的心幾乎是被暖流灌滿的，看來我們真的做到了「把歡樂送到他們身邊」。

魔術師的表演，我們也特別交代可以邀請現場孩子上台互動參與的機會。再魔術師叔叔引導下，一起變出趣味的魔術，那一瞬間孩子眼神中的驚喜與笑容，真的比任何禮物都珍貴。

一瓶咖啡的溫度，是孩子的感恩與溫柔

在活動中，有一個很特別的小男孩；他不是工作人員，也不是事先安排的觀眾，而是那天最讓人難忘的小小嘉賓，一個可愛又熱情、滿懷禮貌的孩子。他對整場表演相當積極，主動坐在第一排——那通常是沒人敢坐的位置，但卻因為他的勇氣與純真，變成了一個最有靈氣的角落。他一直笑，一直拍手，積極參與每一段表演，也跟著全場互動，是一個超級專業的小觀眾！

到了活動中段，他悄悄離開現場，我原以為他是要去看診。沒想到，幾分鐘後他又跑回來，手上拿著兩瓶咖啡，小小地舉著，氣喘吁吁地走向我和我先生：「這個請你們喝！謝謝！」迎著他靦腆的笑容，我愣了一下，感動幾乎湧到眼眶，回頭看見他媽媽坐在後排，微笑著向我點點頭。遞完咖啡，他才依依不捨的牽起媽媽的手往診間走去。我知道，那不只是孩子的心意，而是一場溫柔的機會教育：這位善心的媽媽讓她的孩子學會感謝，並懂得回饋。

活動快到尾聲時，沒想到那男孩又跑回來了。他的媽媽說：「他真的很

喜歡，一定要再來看一眼你們的兒童節表演才肯離開。」這段看似簡單的互動，卻成了對我們努力最動人的回應。我們也相信，這絕對不只是一場表演，而是透過歡樂活動在孩子的心中，埋下一顆溫暖與付出的種子。

把愛變成回憶，讓醫院經驗不再只有冷酷的白色

當天除了住院病童與來看診的孩子們，也有台大附設幼稚園的老師特別帶了五十位小朋友來觀賞。拿到小丑的手折氣球時一個個笑開了花，收到準備的文具小禮物及貼紙，更是非常有禮貌的致謝。「我好喜歡這個 Hello Kitty 的尺喔！」簡單的小文具，在孩子手中顯得珍貴無比，這個兒童節也顯得更有意義。

這一場演出以醫院現有的空間為主，或許沒有搭建特別華麗的舞台，但就在這短短的一個半小時內，參與孩子的眼睛亮了，心也被打開了。我相信，他們會記住的不會只是一次就醫的經歷，而是曾經在那棟冷色調的台大兒童醫院大樓裡，有過一場專屬於他們的兒童節關懷活動。難得的是，台大兒童醫院的院長李旺祚教授也抽空前來，與我們歡樂相聚。

這是我從小到大一路走來在家庭裡被教會的公益精神——對我們來說，行善不是等人求助，而是看到需要，就主動靠近、即刻付出。

每次舉辦活動，總有協辦單位問我們是不是要把企業品牌再放大一點、寫清楚一點？我們總是說：「謝謝，不需要。」因為，我們的目標從來不是為了企業宣傳，也不在意收據與報表。

我們只在乎一件事：孩子有沒有開心？這一場活動，有沒有成為他生命裡的那束光？我知道，未來他們或許會忘記當天魔術變了什麼、巧虎說了什麼，但我相信他們不會忘記：曾經在一個看病的日子裡，有人為他們準備了一場充滿魔法的午後，有人讓他們在醫院裡，也留下前所未有的快樂回憶。

一場魔術，不只是變出驚喜，也變出了孩子們的快樂和希望！

▲ 感謝臺大兒童醫院的院長李旺祚教授，頒發感謝狀給我們支持與鼓勵，更重要的是，我們也非常開心能陪伴孩子們度過了愉快充實的午後！讓醫院也能留下充滿笑聲的回憶。

第2章

夏 豐饒

發揮創意與愛的季節

夏天，象徵著豐饒與熱情。

在這個季節，我們以「創意與愛心」為核心，舉辦了充滿意義的公益活動。

從夢想中的房子繪畫比賽到親子定向活動，孩子們用無邊的想像力描繪未來，透過共同的努力實現夢想。這些活動如夏日陽光般溫暖人心，讓我們在付出中看見世界的更多可能性。

06.

和小小畢卡索一起畫出「夢想中的房子」

讓孩子勇於跳脫框架人生不設限

二〇二三年一月，我們舉辦了「夢想中的房子」繪畫比賽，鼓勵國小學生盡情發揮創意，天馬行空地描繪心目中夢想的房子，首獎可獲得獎金五千元。會籌辦這場活動，源於一次女兒參加比賽，雖然表現優異，卻因為不符合制式規定，而與獎項擦身而過，令人感到非常可惜。

因此，我們萌生舉辦一場「跳脫框架」競賽的畫畫比賽想法；以「夢想中的房子」為主題，除了希望孩子能盡情發揮創意之外，更希望傳達「打破框架」的概念，所以，無論用什麼材質的紙、多大張的紙、用什麼顏料、選擇哪一種繪畫風格，完全不設限，讓想像力成為孩子們的超能力。

我們的比賽徵件擴及全台灣，比賽開始後，作品如雪片般飛來，家長們的電話和私訊接踵而至，對於許多小朋友而言，這是他們人生第一次參加全國性的繪畫比賽，興奮雀躍之情溢於言表，甚至有不少作品是遠從高雄寄來。

人人有獎狀，鼓勵性質大於實質獎勵

當時，有一位媽媽致電來說，這是他小孩第一次參加繪畫比賽，孩子是否得獎不重要，只希望能有一張鼓勵性質的獎狀。這個暖心的請求對我們來說是很好的啟發，的確，獎項是有限的，但鼓勵與支持可以不設限，這更呼應了我們期盼的「創意不設限」主題，不是嗎？

為此，我們同仁特別加班製作了精美的獎狀，不僅為了前三名的得獎者，更讓所有參加比賽的孩子，都能收到我們寄出的參加獎獎狀，以茲鼓勵。在郵寄獎狀方面，我們也投入大量心力。考慮到掛號郵件容易被退件，許多參賽的家庭不一定有二十四小時的警衛方便收件，因此，我們改以印刷品平信寄送，讓郵差可以直接投遞在信箱裡。

雖然，平信的寄送大約是三到五天，不如掛號信件一、兩天就能送達，但這是我們滿滿的心意！同時，我們也希望透過參賽獎狀的鼓勵，讓孩子們體會參加比賽的重點不在於名次或獎品，而是享受參與的過程與成長的喜悅。當他們長大後，也能理解，真正值得珍惜的不是物質上的回報，而是經驗與收穫。

2 · 夏豐饒 · 發揮創意與愛的季節

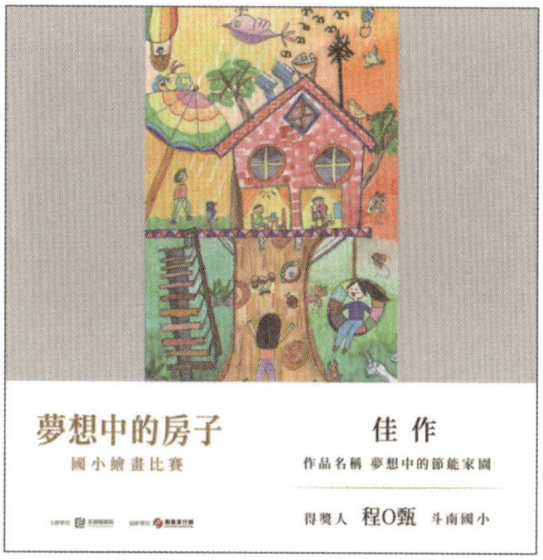

▲ 這一場「不設限」的畫畫比賽，讓我們看見孩子的想像力與創作潛力。

不同領域的專家評審，高規格點評與鼓勵

由於這是一場「不設限」的比賽，為此，我們專業的評審團當然也不能受限，邀請了來自各行各業的人士擔當評審，領域橫跨銀行、建築、藝文、教育等領域，光是這個小小的繪畫比賽，就聚集了四十位評審。

這四十位來自各行各業的菁英評審中，其中，有十位是專業建築師，他們評選的認真程度不亞於為建築評分，花了近兩個小時，在百件投稿作品中挑出閃耀的小小畢卡索，選出前三名及佳作名單。特別感謝OMA建築事務所林家如建築師以及葉千綸建築師、余學禹建築師、創意家行銷王明正董事長及行銷副總等參與共四十位評審委員，謝謝你們的用心，有你們真好！

得獎的畫作裡，你可以看到外太空裡有個透明的太空車，內部是一個簡單的兩房一廳，有人在電腦桌前辦公，有人在洗澡，有人在做菜，各司其職，卻感受到一家人的幸福美好。

你還可以看到一間樸實的小屋，被七彩氣球帶上了天際；或者是一間外型是大狗的房子，家人可以搭乘電梯到不同主題的房間，有豐富的運動空間，

可以游泳、打籃球、攀岩、彈跳，甚至還有空間做日光浴……孩子們對夢想中的房子，想像力無邊無際，每一幅畫作都讓人驚喜不已。

孩子們的創意與熱情不僅讓這場比賽充滿驚喜，也讓我們看到了無限的可能性。他們讓我更加相信，世界上美好的事，都是從夢想開始。這些畫作不僅僅是一幅幅美麗的圖畫，更是孩子們心中夢想的具象化，代表了他們對未來的期待與希望。

一場精采的比賽集結了眾人之力，展現精采的成果。但我更希望藉由這場比賽，讓每個孩子都能夠勇於跳脫框架，敢於夢想，勇於追求自己的理想。人生不設限，只要心中有夢，未來就有無限可能。

每一個孩子都是未來的希望，他們的創意與夢想將會引領我們走向更加美好的明天。讓我們一起支持這些小小畢卡索，鼓勵他們勇敢追夢，創造屬於他們的奇蹟！

每一張畫作都令人愛不釋手，來參與評審的朋友們也紛紛表示，這是太珍貴、難得的一場徵選。

我們始終相信，鼓勵孩子勇於創作的初心，真的比畫圖技巧上的競比來得更加重要。

07.

親子定向活動大成功

兒童節擁抱戶外，孩子學會看地圖拚觀察力，愛的付出

「媽，這條路應該不對吧？地圖顯示是在另外一邊。」

「姑姑，妳快一點啦！那邊好多人在打卡。」

二〇二四年三月三十日的台北市花博公園，湧入近六百位大小朋友參加我們舉辦的「２０２４宏利發建設發現幸福公益定向活動」。每個人都面帶笑容，充滿了躍躍欲試的熱情和活力。

活動分成兩大梯次，第一梯次是個人組，率先出發；第二梯次是雙人組（親子組），每組兩位。

每個人都很熱情。我們在活動中特別添加了額外挑戰關卡，例如丟沙包，拼字卡以增加趣味性。這次的活動不僅需要動腦，還需要體力，是一個非常有趣且具需要有默契的挑戰性親子活動。

紅鼻子醫生的啟發

這場公益活動的籌辦是某天女兒回家分享，學校有「紅鼻子醫生」來參訪，他們來自「紅鼻子關懷小丑協會」，會培訓紅鼻子醫生，裝扮成可愛小丑，透過表演為醫院的病患小朋友和家屬帶來歡笑和快樂。

女兒知道我經常舉辦公益活動，便提起這件事。受到女兒的提議，決定進一步了解這協會。因此邀請他們進行一場講座，介紹協會的工作內容，讓同仁和小朋友了解協會的初衷和使命。紅鼻子醫生期盼透過小丑歡樂的表演，以歡笑陪伴每個需要的病友。不僅只是病童，更包含長者以及每個受疾病所苦的大人，為患者帶來笑聲與希望。

我們團隊用心的討論可以舉辦什麼樣的公益活動，再把報名費全數捐給「紅鼻子關懷小丑協會」。當然，更簡便的方式是直接捐款，但我們更希望透過辦一場公益親子活動，藉由活動增加親子之間的互動，建立情感連結和創造美好記憶；尤其舉行活動的時間時近兒童節，這個活動也期盼讓親子互動上能多一個更活潑的選項，誰說慶祝節日只能上餐廳、買玩具呢？大朋友、小朋友攜手參加公益戶外活動，曬曬太陽流流汗，讓全身動起來活絡體能，一舉數得，多好！

定向活動建立親子默契，戶外動起來好健康

「定向活動」兼具趣味性與挑戰性，希望用這樣的方式帶來更多互動和體驗。是一種運用地圖、指北針以及辨位技巧，由某個地點引導到下個地點的運動。參加定向比賽的選手會拿到一份特製的定向地圖以及紀錄晶片，從地圖上找尋標示的打卡點，並找到自己的位置，迅速規劃最短又最快的路線，

完成所有打卡點後返回終點。活動時間結束時，以全程耗時最少者為勝利者！

晶片可以記錄每個人的打卡時間，也更容易追蹤每位參賽者的進度。這個遊戲非常仰賴閱讀地圖的技巧。有參賽者跟我分享，親子組的參賽者為了尋找打卡點和其他親子組結盟，一起尋找打卡點，像朋友出遊一般歡樂無比；還有些參賽者已經不是第一次參加這類活動，非常有經驗，能在限定時間內完成任務，甚至有鐵人賽冠軍加入了親子組。

感謝《瘋三鐵》賴曉春及公司同仁，齊心完成這一場精采的活動。這樣的交流讓我們受益匪淺，也讓活動氛圍更加熱烈。我們看到了許多運動好手的精彩表現，也分享了不少趣事，真是一次難忘的體驗，甚至還吸引了電視台來採訪。

而且活動收取的報名費「全數」捐贈，執行過程的所有開支，都是由我們公司負責，讓所有參與舉行的公益活動的大朋友與小朋友，每一塊錢、每一分心力都能專注回歸於公益。

2024 宏利發建設
發現幸福公益定向活動
大手牽小手 把愛串起來
Discover!
113.03.30(六) 花博公園圓山園區
Let's Go!

2024.03.30宏利發建設
發現幸福公益定向活動

2024.03.30 宏利發建設
發現幸福公益定向活動
感恩有你
我最帥
我最美
宏利發
建設有限公司
2024 宏利發建設
113/03/30 (六) 花博公園圓山園區
公益主辦單位：宏利發建設有限公司

COLUMN

紅鼻子

關懷小丑協會

培訓專業關懷小丑，將量身訂做的即興演出，帶進台灣的醫療與照護機構，用歡笑陪伴每個需要的病友，讓他們重拾對生命的信心及自我肯定，這是紅鼻子關懷小丑協會的宗旨。

紅鼻子關懷小丑協會為病童、家屬、醫護團隊、高齡長者服務，撫慰醫院每顆疲累的心靈，紓解家屬與醫護人員的壓力，並透過教育推廣活動，協助第一線的助人工作者，讓更多民眾關注友善醫療。

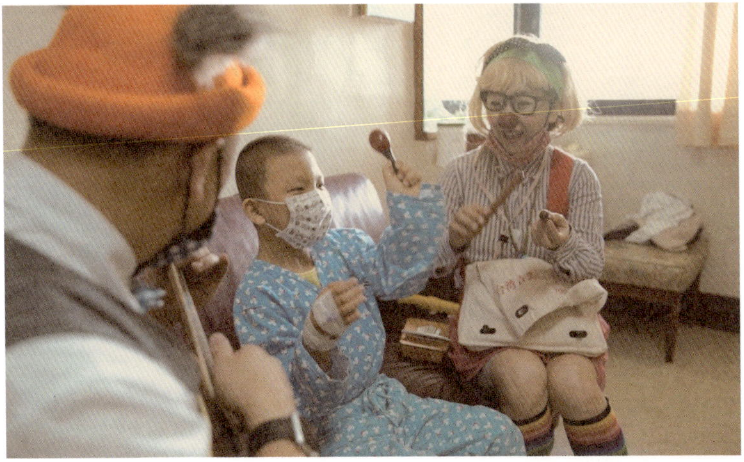

＊上述內容摘自官方網站，歡迎洽官網了解詳細資訊或最新情報。

08.

向毒品說不，拒絕毒品從日常生活開始

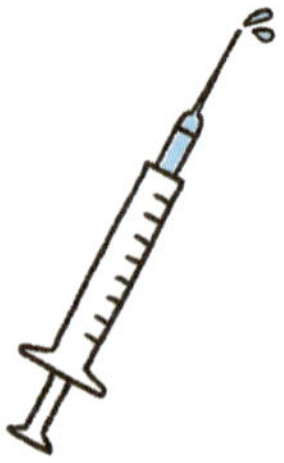

一起為校園設立反毒防火牆

曾經在孩子的學校參加過一場公益反毒宣導講座，因而對「台灣無毒世界協會」這個組織有所了解。

「台灣無毒世界協會」是一個政府立案的社團法人，致力於使台灣成為無毒島嶼。透過反毒研習活動及建立宣導網絡，協會希望杜絕毒品危害。其重點工作包括：反毒教育巡迴講座、大型反毒活動、講師培訓班、學術交流研討會及反毒服務學習體驗營。協會採用創新教育方式，讓反毒知識深入社區及校園。宗旨是透過教育，為台灣打造一個無毒的純淨社會。

保護下一代，從孩子日常與校園生活開始

趁著暑假，家長和孩子有更多時間互動交流，便萌生了舉辦反毒講座的想法，希望讓更多人了解現在毒品的樣貌，以及它們是如何悄悄滲入校園的。

現在的毒品五花八門，有些甚至被包裝成糖果、果凍或咖啡包，讓人一不留神就可能誤食。毒販還會利用青少年的好奇心，免費提供所謂的「試用品」，一步步將他們推向深淵。

這樣的情況真的讓人心疼又憂心，所以希望藉由講座幫助家長和孩子學會辨識這些偽裝，並明白毒品一旦上癮，帶來的不僅是身體的傷害，更會影響到整個家庭的幸福。

在反毒講座中，宣導的內容會包含毒品的辨識技巧、現今毒品如何滲透校園的方式，以及預防的方法。

例如，有圖片展示一些毒品的模擬包裝，讓大家看看它們是如何偽裝成看似無害的日常物品。此外，還會邀請專業的反毒教育講師分享故事，說明毒品的危害以及成癮後的真實影響，讓參與者有更深刻的認識。

這場講座不僅是知識的傳遞，更是一次對家庭防毒意識的提升。像台灣無毒世界協會，長期透過巡迴講座和教育活動，讓反毒知識深入社區和校園，我們也希望能借助這樣的力量，讓更多家庭共同守護孩子的未來。

透過這次活動，希望不僅能提高警覺，也能為大家創造更多互相支持、共同成長的機會。

毒品，是身心煎熬的陷阱

這場講座雖然只有短短五十分鐘，但內容卻讓在場者受益匪淺。講師不僅詳盡介紹了毒品的種類與危害，還讓我們深入了解毒品成癮的科學原理，特別是為什麼毒品如此難以戒除。

原來，毒品一旦進入人體，部分毒性成分會被儲存在脂肪細胞中，這使得毒品的影響不像其他物質那樣短暫。例如，當身體進行劇烈運動或快速燃燒脂肪時，這些毒素可能再次釋放到血液中，導致身體出現「毒品重現效應」，加深成癮者的痛苦與復發風險。這也是為什麼僅靠意志力戒毒極其困難，需要專業醫療協助和長期支持。

講師還特別提到，成癮者在戒毒過程中，常伴隨著劇烈的身心反應，例如強烈的渴望、焦慮、不安，甚至是身體疼痛，這些都是因為毒品在脂肪細胞中「存續」的特性所引起的。這種情況讓戒毒不僅是對意志力的挑戰，也是一場身體與毒品之間的持久對抗。

這些知識讓大家深刻認識到，毒品不僅是心理上的誘惑，更是在生理上設下的陷阱。因此，預防毒品遠比戒毒更為重要，而教育是最好的武器。透過這次講座，對毒品問題有了更全面的理解，也更加堅定了推廣反毒意識的決心。

「台灣無毒世界協會」推動反毒宣導，透過這場講座，讓很多鄰居和同仁都有機會獲得新知，覺得相當有意義。

只要每個人都願意多做一點點，世界就會好一點點。希望未來真的能夠「以無毒世界為起點，以世界無毒為目標」。

宏利發建設有限公司
Ever Fortune Construction
以無毒世界
為起點
以世界無毒
為目標！
感恩有你
任務圓滿
成功
宏利發
設有限公司

毒品危害防制條例第2條
毒品依其成癮性、濫用性及對社會危害性，分為四級，其品項如下：
毒品分為四級
◎第一級：鴉片、嗎啡、海洛因、古柯鹼
◎第二級：(液態)搖頭丸、安非他命、大麻...
◎第三級：
◎第四級：佐沛眠、苯二氮平類...、火狐狸...

COLUMN

毒品在身邊

學生販售毒品人數增加

根據教育部校安通報統計，2016 年至 2021 年，學生藥物濫用人數自 1006 人降至 493 人，但販售者人數卻從 2016 年的 24 人增加到 2021 年的 101 人，占比從 8.76% 提高到 20.49%。

各學制非法藥物取得途徑主要以交友軟體、網路遊戲及通訊軟體為主，抖音（TikTok）更是當今潮流。

不論家長或校園，都該加強有效防止及保護學生遠離毒品。

家長的角色

01 建立開放的溝通管道

鼓勵孩子分享他們的生活和困擾，及早發現異常行為。

02 監控網路活動

了解孩子使用的社交媒體和交友軟體，設置適當的網路使用規範。

03 提供正確的反毒知識

通過家庭教育讓孩子了解毒品的危害和遠離毒品的重要性。

校園的措施

01 強化反毒教育

定期舉辦反毒講座和教育課程，提高學生的自我保護意識。

02 建立預警機制

與學校輔導老師、心理咨詢師合作，關注學生的行為和心理狀況，及時干預。

03 加強校園安檢

定期進行校園安檢，防止非法藥物進入校園。

04 促進健康的校園活動

組織多樣化的課外活動，讓學生參與健康、有益的活動，遠離毒品的誘惑。

＊上述內容摘自官方網站，歡迎洽官網了解詳細資訊或最新情報。

09.

爲孩子圓一個樹屋夢

透過木鋸與鐵釘，體認建築教育真諦

在頒發士林蘭雅國小清寒獎學金之前，身兼蘭雅幼稚園園長的蘭雅國小藍惠美校長熱情邀請我們參加他們幼兒園的運動會。那天，頒獎儀式後，校長帶我們參觀了幼稚園。

我們發現這間幼稚園很特別，許多教具都是由木工精心製作而成，還有許多建築積木模型，極富啟發性。

幼稚園的孩子們看到我們，興奮地展示他們的積木建築作品，天真無邪的笑臉和無限的創意，讓我差點忍不住加入他們的行列，一起坐下來玩。

想要一座樹屋，小小心願的萌芽

參觀幼稚園的過程中，校長指著一顆漂亮的芒果樹隨口說道：「我們一直很想在這裡蓋一間樹屋，如果能實現這個願望就太棒了！」我看一眼那棵樹，毫不猶豫地答：「沒問題！」事後想想，也驚訝於自己的爽快答應，或許是因為我的內心深處一直也有個願望——想幫孩子們建造一個樹屋。

幾年前，我曾帶孩子們到新店區山上蓋過一次樹屋，那段經歷讓我明白，蓋樹屋不如想像中的簡單，需要整地、規劃水電管線、設計內部結構等。然而，這也是我想推廣的建築教學。

有些人告訴我，花東偏郊地區的孩子更需要幫助，因為台灣的資源分配不均衡。我的父親也曾捐助不少書籍和資金給台東的小學，但我心裡覺得，台北孩子雖然資源比較豐富，但在接觸大自然和動手實踐方面，其實很匱乏。

這段時間我們一直希望能找到適合的場域打造樹屋，希望帶給孩子兼具生態與建築教育的良好學習空間，因此聽到藍校長聊起希望在校內的芒果樹旁建造樹屋，我覺得這真是上天最棒的安排。

讓孩子們親自參與施工，滿滿成就感

差不多是在四月十二日捐贈復康巴士後，便開始與樹屋公司聯絡，預計五月一日正式動工。

設計圖經過多次溝通與調整，不僅要與樹屋公司討論細節，還需確認校長與孩子們的期待與需求。我們希望這座樹屋能夠盡善盡美，不僅外觀好看，還要實用且堅固，真正實現孩子們的夢想，為他們創造獨一無二的美好回憶。

起初，設想樹屋內能設置溜滑梯、鞦韆等孩子們喜愛的設施，但經過反覆討論，最終考量幼稚園孩子的安全，選擇將樹屋設計為依偎在芒果樹旁的結構，讓孩子們能安全地爬上爬下，既滿足想像又兼顧安全。

施工預計一週時間，整個過程完全按照正式建案的規格流程進行，包括動土儀式、拉炮、設置圍籬、揭幕典禮及剪綵儀式等。也特別預留兩天的時間，讓幼稚園孩子們有機會親身參與施工。這樣的參與不僅能讓他們擁有滿滿的成就感，更能加深對樹屋的情感。例如，大班的孩子們學習鋸木頭、釘釘子，甚至嘗試使用捲尺、電動鋸子與電動起子。在專業人員的指導下，孩子們完成了一項項任務，臉上洋溢著興奮與自豪。

這座樹屋不僅是孩子們夢想的實現，更承載了大家共同努力的記憶。每一根木料、每一顆釘子，都有孩子們用自己的小手與大大的熱情共同創造的成果，成為他們成長路上最難忘的時刻。

孩子們的表現讓我很感動，他們專注且穩定，勇於挑戰未曾嘗試過的事情。讓孩子們拿鋸子鋸木頭，對他們而言是全新的體驗，甚至會被機器的聲音嚇到。但在我們的指導以及同伴的鼓勵下，他們逐一完成任務並突破挑戰，露出突破挑戰的喜悅笑容。從害怕到勇於挑戰，那是一種生命影響生命的成就感，也是一次難得的經驗，是喜悅的過程。

校長開心的笑說，樹屋不需要老師們監工，因為孩子們就是小小監工，經過時就會自發性地熱烈討論，甚至有的孩子上學第一件事就是去看樹屋的進度。有時候，連松鼠也會來湊熱鬧。

▲ 小朋友們積極、熱情的參與樹屋施工的過程。而且事後非常驕傲的告訴家長自己做出哪些貢獻。這彷彿就是在他們心中，種下了一顆建築師的夢想種子，期待未來能開花結果。

差點無法如期開工，虛驚一場

這場美好的贊助樹屋活動，其實私底下曾發生一件事讓我心驚膽跳！就在開工儀式前一天，樹屋公司的人員突然告知因木材未能及時到達，必須延後開工。還來不及處理這令人焦頭爛額的難題時，剛好蘭雅國小的校長打電話來，說全幼稚園百位孩兒們為了樹屋開工典禮興奮不已，校長自己也開心到睡不著……不瞞各位，我也睡不著。

後來在努力協調下，開工典禮如期的順利進行。樹屋完成後的揭幕儀式那天，全幼稚園的孩子們大合唱《讓我說謝謝你》，並送了一幅孩童們簽名的畫布，讓我深受感動。希望樹屋所種下童年的快樂回憶，讓快樂的種子，成為他們未來最好的人生禮物。

後來，校長或主任不時傳來孩子們在樹屋裡活動遊玩的照片或影片。及在樹屋下乘涼、嬉鬧、鋪地墊野餐談心，那些美麗感人的畫面，讓人覺得浪漫又窩心，讓樹屋充滿了生命力。甚至家長們也在放學時間，於樹屋下聊天等待寶貝們放學。夏季，樹屋的芒果樹果實累累，校長及主任會送來製作的芒果情人果，與我們分享，讓我覺得這一切都很有意義。

不怕實踐夢想，樹屋建造的啟示

夢想就是要拿來實踐的。帶孩子們去建造樹屋，我比孩子們還要興奮。有堅持才有累積，有累積才能成功，每一個釘子、每一塊木片，都是在逐夢踏實。

建築是百年大計，教育也是。期許透過樹屋的建造與實作，讓未來的主人翁更了解建築的意義。希望這座樹屋不僅成為孩子們童年美好的回憶，更成為他們未來人生旅途中勇敢追夢的象徵。

每一個夢想的實現，都來自於我們對生活的熱愛與對未來的期盼，願這些孩子們在未來的人生道路上，帶著這份童年樹屋的美好記憶，勇敢前行，追求屬於他們的夢想。或許，我們還在不經意間，啟發栽培了下一位小小「普立茲克獎」的建築大師，也未可知呢！

"
下課時間小朋友們就會相約去樹屋玩耍、講悄悄話，這裡成了孩子們最熱愛的秘密基地。
"

COLUMN

普立茲克獎

Pritzker Architecture Prize

▲ 雷姆 · 庫哈斯親臨公司合影。

▲ 擔任代表獻花給隈研吾建築大師。

普立茲克獎（Pritzker Prize）是全球建築界最負盛名的榮譽，被譽為**「建築界的諾貝爾獎」**。該獎項由美國《凱悅基金會（The Hyatt Foundation）》於 1979 年創立，旨在表彰在建築領域具有卓越貢獻的建築師，肯定他們對建築藝術與人居環境的深遠影響。

這項榮譽專門授予仍在世的建築師，肯定其終身成就或對建築界的重要貢獻。評選標準涵蓋創新性、功能性、美學、可持續性以及對社會文化的影響，期望得獎者的作品不僅展現卓越的設計，更能深刻改變人類的居住方式，形塑更具價值的空間體驗。

歷屆得主來自世界各地，其中包括美國的貝聿銘（I.M.Pei）、英國的扎哈 · 哈迪德（Zaha Hadid）、荷蘭的雷姆 · 庫哈斯（Rem Koolhaas），以及日本的隈研吾（Kengo Kuma）與安藤忠雄（Tadao Ando）等國際級建築大師。他們的設計理念與建築實踐，無論在形式、結構或人文思維上，都為全球建築領域帶來深遠影響，創造出極致的建築美學與思想漣漪。

特別值得一提的是，其中**兩位普立茲克建築大師，荷蘭的雷姆 · 庫哈斯**是當代最具影響力的建築師之一，他的設計顛覆傳統，融合理論，都市研究與建築實踐。他創立了 OMA（Office for Metropolitan Architecture），並撰寫了《癡狂的紐約（Delirious New York）》，影響深遠。

另一位**隈研吾是日本當代最重要的建築師之一**，以「溫柔建築為理念」，致力於創造與環境融合的設計。擅長運用自然材料、透光結構、細膩的工藝，並以傳統與現代技術結合，打造輕盈、親和的空間。

這二位建築大師不僅建築作品深深吸引我，為我的創作帶來無限啟發，也帶來了難忘的交流。2022 年 8 月雷姆 · 庫哈斯曾親臨我公司的建築圖書館並贈書給我，留下了珍貴的合影與簽名；日本的隈研吾建築大師，2024 年獲得文化大學榮譽博士時，我很榮幸擔任獻花代表。

兩位建築大師的風範與鼓勵，使我更深刻體悟到，「建築」不僅是一場關於人、生命與空間的對話，也是對城市藝術及文化美學的探索。

＊上述內容摘自官方網站，歡迎洽官網了解詳細資訊或最新情報。

第3章

秋知韻

讓我們從溫暖出發

秋天，象徵著成熟與反思。

在這個季節，我們從行善的腳步中感受收穫的溫暖。

從捐贈復康巴士到清寒學子的獎學金計畫，以及愛心便當與淨灘行動，每一個善舉都像秋天的果實般，累積溫情與感動。我們深信，施比受更有福，願這些公益行動啟發更多人心中的善意。

10.

一輛復康巴士，一年帶來2628個希望

期盼身心障礙者與家屬出行能更為便利

生日當天，做一件有意義的事，一份回饋給社會的珍貴禮物！是我心中的最大願望。每年到生日這一天，我的內心充滿感恩，最想感謝的人就是我的父母，因為，沒有他們，就沒有今天的我。從小，他們就耳提面命：行善者的心最快樂，因為行善者的心最富足。

正是他們的諄諄教誨，讓「公益」在我家，成為一種日常生活方式。因此，當我有了孩子之後，也常帶著他們參加公益活動，讓愛的種子在他們的

心中萌芽生根。

創業者，取之社會回饋社會

身為一位創業者，我深知回饋社會的重要，取之於社會，用之於社會，這是我一貫的信念。人生在世有兩件事情不能等：一是行善，二是盡孝。如果能在生日這一天，與父母一起幫助社會，那將是人生最美好的事情之一。

我們一家人熱衷於捐血事務，至今已捐出七輛捐血車，包含父親捐贈的「燦煌號」、母親捐贈的「玉霞號」以及弟弟捐贈的「宗翰號」，以及感念祖父母的「淵文．玉霞號」。每次參與贈車典禮儀式，心裡充滿了喜悅和感動，看到家人捐贈的車輛在大街小巷穿梭奔波出勤務時，更是格外的自豪和滿足，因為這些車不僅僅是救助工具，也代表著我們全家人對社會的愛與奉獻。

朋友分享住在台中，為了把坐輪椅的父親從醫院接回家，無法搭乘計程車，但也叫不到復康巴士，讓他感到相當無助。我也曾在生活中碰到不同的人跟我分享此事，說家中長輩行動不便需要復康巴士接送，不僅得付費，必須提前申請等待，還不像計程車般隨叫隨到。經多方資料查詢和確認後，了解到復康巴士的數量極為不足，供不應求。

有些人在事業有成後，會捐贈車輛幫助社會，紀念父母的恩情。但遺憾的是，許多人在等到有能力付出時，父母已不健在。所以，我心中總有一個聲音告訴我，要在父母健康在世時，與他們共同分享愛的喜悅，讓他們知道女兒傳承了他們回饋社會的心。張斯綱議員在得知此事後，便積極牽線、為我奔走接洽，協助我促成善舉，張議員真是我行善之路上的貴人。

一家人的善心，一份愛的種子

在做公益的道路上，其實也遇到不少挑戰和磨練，但我依舊堅定不移往目標邁進。

捐贈儀式當天，非常感謝台北市長蔣萬安特別全程出席，與李四川副市長、林奕華副市長到場給予的肯定支持，這次捐車儀式，不僅有我的父母和家人參與，我還邀請了好朋友洪孟楷立法委員、張斯綱市議員、林文龍里長、趙婷夫婦、聯邦銀行的經理和襄理、陽信銀行的經理，多位里長好友及同窗好友等。希望透過這次捐贈復康巴士典禮，也能在大家們心中種下善心種子，擁有善心、善緣後，一起把愛傳出去。

母親在二〇二四年的年初也捐贈了一部復康巴士「楊陳玉霞號」給新北市政府。父母一直在做善事，讓我知道行善的人最快樂，行善的人最富有。雖然我出生於新北市，但是在台北市扎根發展。因此，當我事業有成時，便希望為台北市盡一份愛的力量。只是，捐贈復康巴士並非易事，從訂車到交車，需要近一年的時間，還有諸多法規限制。如果是進口車，所需時間會更久。

二〇二四年二月一日，收到台北市公共運輸處寄來的公文，「雅婷號」復康巴士，去年每月平均服務兩百一十九趟，一年平均就有兩千六百二十八趟！這意味著有無數的身心障礙者家庭受惠。公益之路上，也不時收到感恩回饋，但是，我深知「手心向下更是福」因此，無論這條路上碰到哪些挑戰，我相信陪伴我的會是更多的感動和堅持。

無論是捐血車還是復康巴士，每一次的善行都是對社會的一份支持與關愛。希望藉由我們家族的善行，能夠影響更多人，讓愛與善的種子在更多人的心中發芽，最終成為一片充滿愛心的森林。

台北探索館
DISCOVERY CENTER OF TAIPEI

台北探索館
DISCOVERY CENTER OF TAIPEI
總統盃黑客松官網「公民許願池」許下心願，分
復康巴士
捐贈典禮

▲ 我代表致贈復康巴士的車鑰匙，父親擔任代表接受蔣市長回贈的感謝狀。

台北探索館
TAIPEI 臺北市身心
雅婷號
宏利發建設有限公司

臺北市
雅婷號
宏利發建設有限公司

11.

關愛無限，設立蘭雅國小獎學金

小禮物大溫暖，為清寒學子點亮希望之光

常常參與我的公益活動的人會發現，我的活動對象年紀多半是國小生；因為，國小學生正處於人生最需要關注和培養的年紀，如果我們能好好悉心栽培，未來他們就有能力成為社會的棟梁，為社會盡一份心力。

投身公益活動後，定期會舉辦一場有意義的公益活動，不僅僅是辦活動，也在國小設立長期的獎學金，贊助對象是公司附近的清寒國小生。在熱心公益的林文龍里長、陽信銀行經理及陳建維大哥牽線下，我們在蘭雅國小設立清寒獎助學金。

不只是獎學金，更希望好書與禮物帶給孩子更多可能

與蘭雅國小藍校長深談後，獎學金計畫順利展開。名單由各班級老師們推薦，經校方審查每年四月頒發每位兩千元的獎學金，惠及二十五位同學們。

當我把這個計畫告訴我母親時，她聽了非常開心，慷慨響應，並親自出席捐贈儀式典禮。我的三個孩子也紛紛用行動參與這項活動，坦白說，家人的支持一直是我做公益路上最大的鼓舞來源。藍校長致詞時，不僅感謝並肯定我們的善舉，也很欣喜看到我在母親的身教下，也帶著女兒三代一起投身公益，形成一段「女兒帶著媽媽、媽媽帶著女兒」的暖心佳話。

我們不只是捐錢設立獎學金，獎學金雖然會直接撥入清寒學生的家長或監護人提供的戶頭裡，但對小孩子們而言，拿在手裡的小禮物，也是非常開心滿足的事情。因此，我們還特地添購了孩子們時下最喜歡的角落生物餐具組盒，設計了包裝紙及小卡片。包裝紙上標註著「越努力越幸運」，希望這

些話語能時時刻刻鼓舞著孩子們。

公益之花，綻放不分國界

頒發獎學金的那天，我看到一位非裔的孩子上台，讓我更加深刻地感受到，公益的力量是無遠弗屆的。我們的初衷是幫助在地的國小生，但沒有想到，這份善意也能惠及到外國人或新住民家庭。這讓我明白，公益的種子一旦播撒，就會在意想不到的地方生根發芽，綻放出溫暖人心的花朵。

這次設立獎學金的經驗讓我更加堅定，未來我們將持續推動各種公益活動，不僅限於獎學金，也會透過教育、環保、社會服務等多元方式，讓更多人感受到來自社會的溫暖與支持。每一次的善舉，都是為社會注入一股正能量，促使更多人參與其中，讓愛心與善意成為社會的核心價值。

最終，我們希望這些公益行動不僅僅是短暫的幫助，而是長遠的支持，幫助孩子們在成長的過程中擁有更多的機會與選擇。只要我們齊心協力，社會的每一個角落都能因為愛與關懷而變得更加美好。我們的目標是創造一個充滿希望與機會的未來，讓每一個孩子都能在陽光下茁壯成長，成為社會的中堅力量。

宏利發建設有限公司
Ever Fortune Construction Co.,Ltd.
清寒獎助學金申請開始囉！
申請日期：112年4月12日至112年4月30日止
主辦單位：宏利發建設公司
獎助對象：蘭雅國小
申請條件：符合下列兩項條件者即可。
（一）各學習領域成績平均須達80分以上。
（二）清寒、低收入戶證明文件影本。
獎助名額及金額:
審查時以列冊有案低收入戶及清家戶子女為優先
（一）國小一至六年級，25名，每名2,000元
獎助學金及獎狀一份。(額滿為止)
電話:2838-5777

12.

100個愛心便當教會我們的事

「贈人玫瑰，手留餘香」不只是口號

某天，我和女兒們窩在一起討論發送愛心便當的計畫，女兒聽完後，不僅非常贊同，甚至提議要自己下廚做愛心料理，以表達更深的誠意。這個提議讓我倍感欣慰，我想在天母辦公室的一樓發送，沒想到，這個地點卻遭到女兒們異口同聲的反對。

「媽媽，妳應該要去台北車站發送。」這句話令我大感訝異，為什麼她們會知道台北車站更適合呢？女兒解釋道，在我們一起出遊時，她觀察到台北車站有許多遊民，他們對便當的需求肯定更大。

隱約記得曾有人在台北車站發送愛心便當時疏忽了程序，引發了遊民之間不必要的爭執，為了避免這種情況，便請同仁先去場勘，了解現場的實際情況。原來，台北車站的遊民是有負責管理與關注近況的，他們稱之為「班長」。

一百個便當帶來的飽足與溫暖

有班長可以諮詢真是萬幸，他建議我們，白天要準備一百個便當，晚上則需要一百五十個，因為，白天有遊民會去打零工。幸好有班長提供了寶貴的資訊，讓我們避免了便當數量不足的窘況或過多的浪費。

最後，我們決定白天到台北車站發送愛心便當，女兒們原本要親自做料理，但面對如此大的數量，怕是力有未逮，因此還是決定交給專業單位，也更能兼顧菜色營養與食安保障。

愛心便當
免費取用
請排隊
我最美
助人為
快樂之本
善的
循環

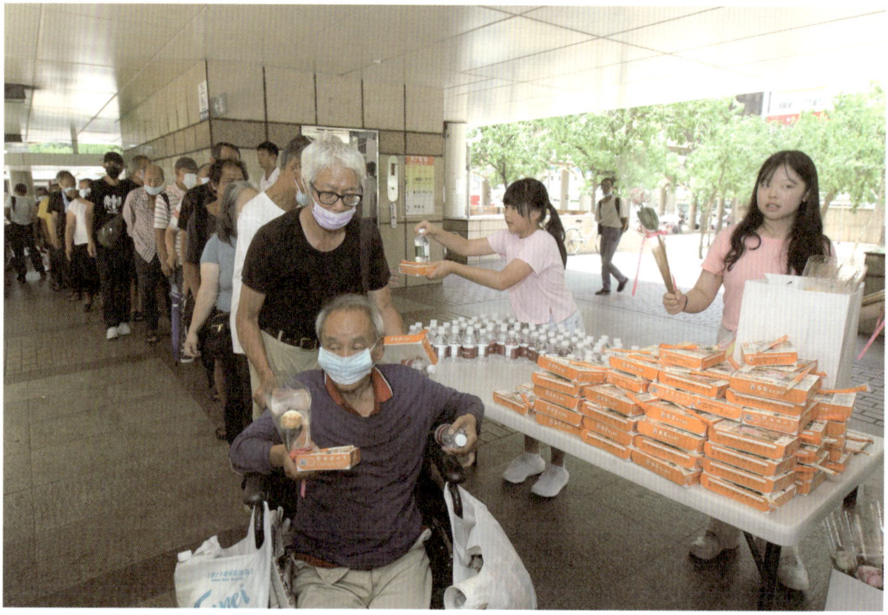

但我也不忍辜負她們積極參與的善心，便建議她們可以做自己擅長的花束送給遊民，這時，有人提出質疑：「遊民只會拿便當，不會拿花吧？」

偏偏，我就是一個很喜歡打破各種不可能的人，我告訴女兒們，不要管他們會不會拿，這是一份愛的禮物，贈人玫瑰，手留餘香，只管用心去做就對了，他們會自己做選擇。

當天，的確有不少遊民對花朵興致缺缺，讓女兒有點沮喪，我安慰她們，每個人都有選擇的權利，他們喜歡花，我們就把精心包裝的花送給他；他們需要水，我們就多給他一瓶水。

很感謝班長賢伉儷，當天在他們的傾力協助之下，發放便當活動非常順利，不到十分鐘，所有的便當一掃而空，也要謝謝路人的鼓勵和祝福，讓我們真切地感受到「施比受更有福」。這次的台北車站愛心便當發送計畫，因為有大家的支持及提前場勘，活動順利圓滿成功！

贈人玫瑰，手留餘香的課題學習

這次在台北車站發送愛心便當的活動，讓我們收獲了許多寶貴的經驗和感動。活動的成功不僅在於我們幫助了需要的人，更在於過程中的點滴學習和親子互動所帶來的啟示。

活動中，女兒們的提議和觀察讓我感到驚喜。她們建議改在台北車站發送便當，並且主動提出製作愛心料理的想法，也讓我看到了她們的愛心和洞察力，通過參與公益，孩子們體驗了付出的快樂和幫助他人的重要性。

同時，他們也學會了觀察和尊重他人的需求，在過程中更體會到了堅持初衷的價值。即使有些遊民表示不需要花只要便當，孩子們也不放棄，用熱情的口吻說：「拿一朵美麗的花吧！可以送給你喜歡的人！我們親手包的，很漂亮，別客氣！」在堅持與鼓勵下，這一份愛的心意換來了更多微笑。

這次活動讓我們在愛與付出中成長，感受到「施比受更有福」的真諦，這份經驗將成為生命中珍貴的回憶和啟示。

宏利發建設有限公司
Ever Fortune Construction Co.,Ltd.
公益便當
愛心上菜
時間：112/7/24（一）
公益愛心便當發放
傳遞愛心玫瑰花
公益主辦單位：
宏利發建設有限公司
繁花妍非盈利機構
每個人願意多做一點點
世界就會更好一點點
FLOURISHING PETALS
繁花妍

13.

帶著孩子一起去淨灘

傳承給下一代的海洋環保意識

根據報載，「五大環流研究所」（5 Gyres Institute）最近發表一篇最新調查指出，二〇一九年前的海洋塑膠垃圾數量約達一百七十一兆。若各國不及時合作制定相關規範立法，這個數字勢必迅速增長，二〇四〇年前恐達到目前數量的二・六倍。

光是塑膠垃圾就可能增加近三倍，更何況海洋裡還有各式各樣的雜物。除了從源頭落實減塑生活，也可以主動去海邊淨灘，把被沖上岸的垃圾帶走，

避免它們再度回到大海，傷害海洋生態，進而影響下一代的環境。

有感海洋垃圾問題的嚴重性，二〇二三年八月下旬，我們決定前往八里海灘淨灘，約有四十多人參加，其中年紀最小的參加者年僅三歲。當天是農曆七月，又是晴空萬里的豔陽天，很多人可能會選擇放棄，但我認為，只要稍微調整活動時間，就能讓大家玩得安心、開心。

當天氣溫很高，為了避免中暑，淨灘活動規劃下午四點才開始；帶給參與公益活動的夥伴便利與安心，是辦活動的重點，因此，除了考慮時程，我們舉辦的活動多半會在大台北地區，有捷運、公車等大眾交通工具比較方便，讓有意願參與公益活動的人，不會因距離太遠或交通不便而打退堂鼓。

撿垃圾變尋寶大賽，激發孩子的勝負心

這次來參加淨灘活動的人，大多是第一次參與這類公益活動，對流程不熟悉，彼此也不認識。為了讓大家迅速融入，並提升活動的趣味性，決定採用「分組競賽」的方式。以重量做為評審標準，看誰撿的垃圾最多又最重！

這不僅炒熱了現場氣氛，也激發了孩子們的好勝心。

有個小朋友為了贏，一直叫爸爸去撿廢輪胎，撿垃圾頓時變成了尋寶大賽。還有個小朋友原本不肯下車，提到為什麼要來海邊撿垃圾？哄了半天終於願意加入，沒想到，最後是撿到樂不思蜀，不肯回家。

參加者的熱情令人感動，原定長達兩個小時的活動，竟在短短一個小時內完成，共計清理了一百八十公斤的垃圾。海灘上的垃圾種類繁多，無奇不有，蚊香、保麗龍、塑膠袋、打火機、飲料瓶、輪胎、玻璃酒罐，甚至還有針筒。把這些垃圾撿起來後，海灘瞬間變得很乾淨。

由於垃圾車無法開進沙灘，大家必須提著垃圾徒步前往附近的集中地。這一段路上雖然大家有點疲勞，但沒有人有半句怨言，連小朋友都全力以赴的認真幫忙，讓人很感動。

孩子們透過活動一開始的導覽解說，了解到「隨手日常做環保」的重要性；例如，盡量使用保溫瓶、減少寶特瓶使用，也盡量不要購買一次性包裝

品，或是減少複雜的包裝。否則，這些短暫的陪伴最後都會變成垃圾，造成「你丟我撿，沒有終點」的困境。

因此，透過這短短兩小時的活動，我更深切體會到淨灘的意義，遠遠超過參與的時間；所有參與者從海灘上帶走的，除了垃圾，更是深入生活的環保教育，與對自然環境的重視與愛護。

淨灘活動不只是大型團體的專利

很多人以為，淨灘是一項頗具動員規模的大型活動。但是，參加淨灘並不是大型團體的專利，政府近年來推行「淨灘合作社」的概念，讓三五好友也可以隨時去淨灘。

我們這次與專業承辦淨灘活動的公司合作，除了當天的淨灘活動，也舉辦一場海洋講座，讓參與者皆能行動與知識完美同步。

講座中，主講者深入探討了很多人類行為對生態的影響，其中，海龜的情況讓我印象深刻。海龜會依賴特定的海岸區域產卵，然而，一旦人類改變海岸環境，就會造成海龜產卵、孵化及小海龜游回大海的難度。返回大海的海龜還得面臨很多生存挑戰，由於人類的垃圾氾濫，牠們很容易把塑膠袋當成水母誤食，導致死亡，造成海龜的數量越來越少。

我們只有一個地球，守護地球是每一個人的責任，即使不去參與淨灘活動，個人啟動減塑生活，也不啻為一種盡己所能的方式。

現在做的如何不重要
重要的是，願意開始用行動改變

COLUMN

淨灘合作社

新北市環保局
北海岸店家
共同成立

2020 年起，新北市環保局攜手北海岸各型店家共同成立「淨灘合作社」，讓臨時起意的民眾，只要到掛有「淨灘合作社」浮球的餐飲業、遊憩業、民宿或旅館業店家就能免費借到淨灘工具，撿完垃圾後也能交給店家清運，讓淨灘行動不再限於大型團體才能參與。

2022 年 9 月下旬，新北市的淨灘合作社已突破 40 間，同年，高雄市環保局也開設 10 處「淨灘合作社」跟進，歡迎大家到海邊遊玩時，也能多多善用「淨灘合作社」，邊玩邊淨灘，玩樂也不忘做公益。

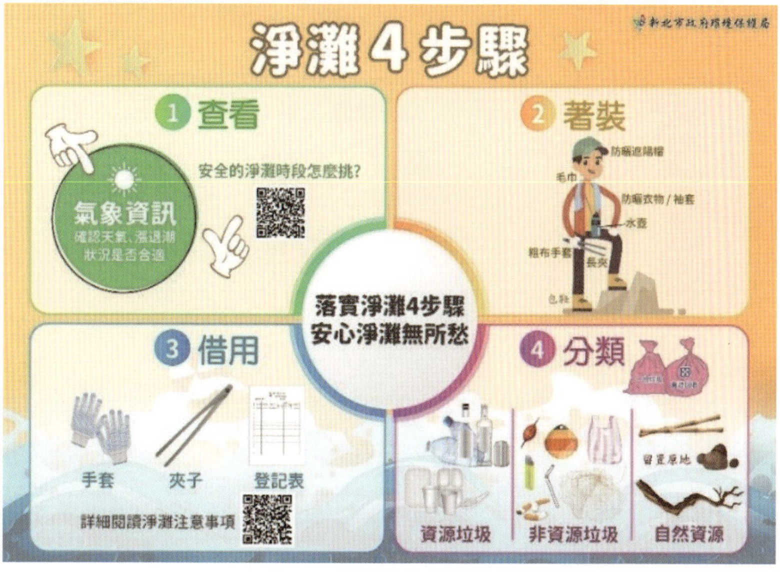

＊上述內容摘自官方網站，歡迎洽官網了解詳細資訊或最新情報。

第4章

冬暖藏

收獲無盡的愛與希望

冬天，儘管寒意襲人，卻蘊藏著愛與希望的力量。

我們透過探索家鄉文化、用孩子純真的視角重新審視世界，以及參與海洋保護與導盲犬推廣的公益行動，讓這個季節溫暖而有意義。每一份努力都在為生活增添更多感動與善意。

14.

認識家鄉，天母可以不一樣

從電影到繪本的尋鄉之旅

有一天，公司信箱裡發現一張DM，上面介紹了導演何智遠的電影作品《磺溪》。這是一部以天母為主題的電影，天母是我的家，常經過磺溪，但卻對它一無所知，我心想，可以透過這部電影來支持在地導演，更加深入認識天母的在地文化和背景。

電影播放地點剛好就在辦公室對面的里民活動中心，決定先去一睹為快。紀錄片性質的電影常常因為太多細節，或是需要共鳴的生命經驗才能理解，因此許多觀影者會感到無聊。但這一部《磺溪》卻讓我看見許多熟悉又陌生的在地風情，電影結束後，我的心中充滿了感動和新奇，一點也不覺得枯燥。

天母，那些不為人知的細節

導演何智遠說，他拍這部電影時，以天母的一些知名老店為線索，如茉莉漢堡、吃吃看等，極富在地情感地串連起天母這幾年的變遷，並融入許多天母的小故事，例如，磺溪水流分成了左邊和右邊兩大區域，右邊歸屬於北投區，大多是榮總醫生及護理人員們所居住的地方，左邊是士林，更具天母印象。因此，我對這個區域的生活較為了解，也更有共鳴。

在生態方面，也有一個與環境維護需要平衡的小難題；往年白鷺鷥會固定在冬天從韓國飛回台灣避冬，棲息在磺溪。但是，整溪、鋤草等環境維護的日常作業，卻會因為使用除草劑等問題，造成環境破壞，使得白鷺鷥無家可歸。然而，如果為了照顧白鷺鷥，讓溪邊雜草叢生，衍伸出的蚊蟲與景觀凌亂問題，也確實會造成居民困擾。因此，如何兩者兼顧真的不容易。

宏利發建設
任務圓滿
成功
感恩有你

JAPAN

小弄日記
磺溪
Tianmu
邀您一起來感受
磺溪之美、天母人的鄉愁
宏利發建設
4月
公益特映會
日　期：4月2日（日）
時　間：17:30（17:15開放進場）
地　點：仰德區民活動中心
（天母家樂福對面）
地　址：台北市士林區德行西路30號
主辦單位：宏利發建設有限公司

兩代天母人的交錯的回憶與新鮮

看過電影後我深受感動，決定贊助何智遠導演，讓這部電影在同一個地點再次放映，我們邀請了左鄰右舍、以及其他對這部電影有興趣的人一同觀看。

有趣的是，天母人一起看這部電影，共同的語言激發許多回憶共鳴和情感連結，尤其是在地的長輩們。我後來才知道，有一位曾參觀過我們建案的客戶來看了電影，原本還猶豫不決的她，竟在看完電影的隔天就來公司下訂買了房子，這真是一個意外的驚喜。

但對年輕的一代來說，電影中那些場景與世界，是他們不曾經歷過的天母。也可見觀影後的小朋友、年輕人，開始纏著爸爸媽媽、爺爺奶奶，聊起那些故事與人物，形成有趣的交流。

電影《磺溪》放映後三個月，我們再度邀請導演何智遠來講述他所寫的繪本《磺溪裡的好朋友》，講解繪本後，每個人拿著一張紙，進行了一場戶外生態導覽，把觀察到的生態全部畫下來。

當心境不同時，眼中的風景也不一樣了。明明走的是同一條路，大人和小孩所觀察到的事物迥然不同。在導演的解說下，我們認識了許多可愛的小型動物和魚類，增進了自然生態的新知識，受益匪淺。

你認識你的家鄉嗎？你知道關於家鄉的故事與細節嗎？通過這次電影和繪本的尋鄉之旅，我們不僅加深了對天母的了解，還感受到了這片土地的美好和珍貴。

希望大家也能有機會深入了解自己的家鄉，發現家附近的生活與美好。天母可以不一樣，我們的家鄉也可以不一樣，讓我們一起尋根，紮根，體驗安家的真正意義。

宏利發建設有限公司
Ever Fortune Construction Co.,Ltd.
暑假磺溪生態之旅
日期：2023年7月1日 (六)
時間：16:00 - 17:30
活動時數: 1.5hr
對象：國小學生
公益主辦單位：宏利發建設有限公司
活動報名表單
一起來天母磺溪散散步
看看有什麼我們不曾發現過的磺溪生態
報名限量十組，登記額滿為止!
填完表單後於活動現場即可入場

15.

讓孩子的視角翻轉你的世界

小朋友也可以是大攝影師

二〇二三年十一月，我們舉辦了一場專為國小生設計的攝影活動——「寄照片給聖誕老公公——你眼中的士林、天母攝影比賽」。

活動收件近一個月，孩子們透過鏡頭，捕捉他們眼中最具代表性的天母、士林美景，並以一句話詮釋作品。活動將選出前三名及佳作三名，首獎可獲得價值四千元的圖書大禮包。

在設計海報時，我們對主題字眼字字斟酌，格外謹慎。因為天母和士林的區隔常有爭議，為避免困擾，我們在活動一開始就明確指出：攝影主題涵蓋天母和士林兩個區域。之所以針對國小生，是因為我特別喜歡從孩子的視角看世界，孩子的觀察力往往帶來驚喜和啟發。

孩子的眼睛看見不一樣的世界

其中一張佳作是一幅街景，老舊的電線桿及雜亂的電線全都入鏡。一般人看這張照片可能會覺得普通，但在我眼中卻驚為天人。這孩子太厲害了，照片中不僅呈現天母街景，還包括棒球場、新光三越、華固天籟豪宅等重要地標，取景角度和觀察力令人讚嘆。

令我印象深刻的還有一位奪得亞軍的小朋友的媽媽。她來領獎時一臉不可置信，難掩驚訝地說：「真是沒想到，我的孩子竟然會得第二名！他都亂拍耶！」我的助理立刻答道：「妳要相信妳的孩子是最棒的，持續鼓勵他，希望他未來能繼續拍出更多優秀的作品，說不定還有機會贏得國際比賽喔！」

聽到助理的回覆，我很欣慰，這正是我希望傳達給同事們的觀念。雖然那位得獎的孩子未能親自到場，但如果這位媽媽能把我們的鼓勵帶回家，辦這個活動就值得了。

用美好的鼓勵，守護單純的熱愛

不要小看孩童時期的經驗影響力，在很多人的成長過程中，未曾被重視與鼓勵過；即便他們後來成為社會中的精英人士，人生也總會帶著一絲遺憾。

正如之前所舉辦的繪畫比賽中，受邀前來的四十位評審都是各行各業中的佼佼者，但其中一、二位評審在審圖時也不禁分享，他們小時候很愛畫畫，但曾被老師質疑畫得太好是作假，從此再也不願拿起畫筆。

孩子的世界純真，他們對一件事的喜愛是那麼單純。但當被社會染缸中的大人否定後，受挫的孩子可能會失去原本的熱愛，這是多麼令人遺憾的事。

寄照片給聖誕老公公
你眼中的士林、天母攝影比賽

佳作

作品名稱 ： 天母賦予城市豐富多樣性球場、百貨、平房、大樓別墅、公園圍繞，盡收眼底。

得獎人：張〇翔 文化國小

主辦單位：宏利發建設

寄照片給聖誕老公公
你眼中的士林、天母攝影比賽

第 一 名

作品名稱 ： 好棒棒的棒球公園

得獎人：李〇彤 蘆洲國小

主辦單位：宏利發建設

寄照片給聖誕老公公
你眼中的士林、天母攝影比賽

佳作

作品名稱 ： 繁忙的生活中
天母的美麗天空，給予一絲悠閒時光

得獎人：張〇程 文化國小

主辦單位：宏利發建設

寄照片給聖誕老公公
你眼中的士林、天母攝影比賽

第 二 名

作品名稱 ： 士林的頂端擎天崗

得獎人：許〇維 士林國小

主辦單位：宏利發建設

“小朋友精彩的攝影作品，
讓我們看見不同的視角。”

寄照片給聖誕老公公
你眼中的士林、天母攝影比賽

第 三 名

作品名稱 ： 好吃的天母大蛋糕

得獎人：陳〇帆 天母國小

主辦單位：宏利發建設

寄照片給
聖誕老公公
你眼中的士林、天母攝影比賽
1 活動對象：國小生
2 攝影主題：你眼中的天母
並附上一句話表達作品
3 徵稿時間 ： 112.11.1 - 112.11.24止
4 交稿上傳至Google表單
5 獎品：第一名$4000元(等值書籍) 第二名$3000元(等值書籍)
第三名$2000元(等值書籍) 佳作三名$1000元(等值書籍)
6 公布得獎時間：112/12/5 將以電話及Email通知
公益主辦單位：
宏利發建設有限公司
Ever Fortune Construction Co.,Ltd.

給孩子的禮物：心靈的養分

這次活動也讓我得到一個啟示：給得獎者現金或高價書籍，前者的參與度明顯高出許多。雖然有點無奈，但畢竟參賽資訊多來自父母或老師，如果獎項吸引不了把關的父母師長，自然沒辦法鼓勵孩子參加。

甚至，有一位得獎者家長曾表明，要先看我們要送的書單再決定是否領取禮物。這樣的心態其實讓我感到有些可惜，畢竟書籍是可以傳承和交換的寶物，透過閱讀習得的知識，是無價的。我們精心挑選的書籍，題材多元，每一本都能為孩子打開一個全新的世界。

因此，舉行類似的比賽時，我們除了從善如流增設獎學金的現金獎項，也會在推廣比賽資訊時提點家長：「獎品是書也很棒，閱讀是心靈的光合作用，家長不妨先引導孩子閱讀。」

如果孩子實在不感興趣，也可以將書籍轉贈給其他有興趣的同學或朋友，讓知識財更廣為流傳。

給孩子希望，不要小看潛能

檢視收件作品是我最興奮的時刻，每一張作品都讓我深刻體會孩子們的創意和潛力是無限的。他們的作品展現了純真的視角和獨特的觀察力，為我們帶來了許多驚喜和啟發。這次活動不僅展示了孩子們的才華，也提醒我們，除了讀書和考試，對生活的觀察和美感的學習同樣重要。

作為家長真的不要小看孩子的潛能，應該多鼓勵他們在生活中發現美、記錄美。希望未來能舉辦更多類似的活動，讓更多孩子有機會展現自己的才華，同時也鼓勵家長們多支持和鼓勵孩子，讓他們能在成長過程中找到自己的熱愛和興趣，並勇敢追求夢想。

透過這些活動，我們不僅能夠培育孩子的創造力和觀察力，也能夠讓他們在成長的道路上，感受到來自社會的支持與鼓勵，進而更加自信地面對未來的挑戰。

▲ 獲獎的小朋友非常開心，不僅自己的創作得到了肯定，也讓家長刮目相看。我相信這樣的鼓勵，能為他們的童年留下更繽紛的回憶，並期許孩子們未來更具有追尋目標、實踐夢想的勇氣。

16.

請讓我 爲孩子們的純眞買單

打造聖誕老公公的夢想信箱

銀色的十二月，慈祥和藹的聖誕老公公搭乘著麋鹿雪車，劃破天際，挨家挨戶送禮物給年度表現良好的乖小孩，是每年年底小小孩心中最殷切期待的事情。

在台灣，還有一個特殊的機構，讓兒童可以寫信給聖誕老公公，並且能收到聖誕老公公的親筆回信。看到孩子們對於「世界上有聖誕老公公」這件事如此深信不疑，渴望從聖誕老公公那裡得到肯定和禮物，這份童心激發了

我想要成為「聖誕老婆婆」的欲望。

「相信，就是你的魔法！」於是，我們在公司樓下放了一個可愛的黃色郵筒，無論是誰，只要把願望寫下，投入郵筒，我們就會盡其所能的實現他的夢想。

一開始，並沒有設限是小朋友才能參加，只要有人願意許願，就會盡可能滿足，結果，卻收到了數十張便當店促銷宣傳單！所以我們決定在黃色郵筒旁加上一幅大型海報，明確指出這是一場聖誕節小朋友許願的限時活動。

十分緣巧的是，這個計畫本就屬意年齡是小學以下的孩子，畢竟很多國小五、六年級生都已知道聖誕老公公的真實身分就是爸媽。雖然海報上沒有明寫，但是寄卡片和信件來的人，清一色是國小四年級以下的孩子！

雖有不少是家長代筆，寫著想要養一隻狗、寶可夢玩具等物質上的禮物，也有不少孩子自己執筆，用生澀的筆觸一筆一畫地跟聖誕老公公寒暄，報告這一年自己有多乖巧，孩子們的童言童語，真誠又可愛，著實令人感到溫暖。

上百封信件，每一封都花心思回覆

活動截止前幾天，一位國小老師致電到公司，說她看到海報後，覺得這個活動非常有意義，問可不可以讓她們全班學生參加？我欣然同意，老師接著說，她希望我們能承諾，回信給所有參加活動的孩子們。

她解釋道，以前班上學生也有參與類似活動，但所有信件全都石沉大海，孩子們非常失望，她不想要重蹈覆轍，面對那一張張失望難過的臉龐。即便當時從四面八方湧進的聖誕信件已上達一百多封了，但老師真誠的盼望，仍讓人毫不猶豫答應了她。

老師聽了很開心，隔天就親自送來近四十封信國小二年級孩子寫下的信。我們也向老師解釋，雖然承諾會回信給每一位孩子，但願望千奇百怪，不一定會完全按照他們信裡所寫的去做，老師聽完立刻表達理解。

每一封寄來的信，都是一份承諾，這場活動不僅僅是主辦人想要滿足童心，也是一種我們肩負的社會責任，隨著信件越來越多，同仁們的心情也越來越興奮。

最後，我們收到一百五十多封信，一封封拆開閱讀後，字裡行間的童言童語，溫暖又真實，相當療癒。

有人開門見山地跟聖誕老公公要禮物，也有小朋友寫他今年很乖，想邀請聖誕老公公來家裡陪她跳一支舞或共進晚餐，還有兩個小女生，她們應該是好朋友，兩人在信裡寫了一模一樣的許願內容，都希望在聖誕節那天彼此可以去對方的家裡玩……

也有小朋友的願望是希望聖誕老公公讓他變聰明，還有一個讓我印象深刻的，是一個小朋友寫他弟弟很吵，希望聖誕老公公能夠讓他的弟弟變乖一點……

這些純真的童真言語，都讓人往心上注入一股暖流。

宏利發建設
Merry! Christmas
and happy new year
寫信給
聖誕老公公
今年聖誕節小朋友想許什麼願望？
或者有什麼話想對聖誕老公公說嗎？一起來寫封信吧！
收信日期
111年 10/15～12/1
收信地址
Santa's mail
111台北市士林區德行西路39號
注意事項
＊請附上回郵信封，並填妥正確收件人資料
＊以郵戳為主，逾時不回

回信的壓力與挑戰

不過，閱信完畢，接下來，就是回信的壓力和挑戰了！因為小朋友之間都有當下流行的術語或動漫角色，我們大人真的看得「霧煞煞」，只能商請小女兒來講解信件內容，沒想到，同樣是國小生的她，完全看得懂孩子們的願望。

於是，她就成了聖誕老婆婆的最佳人選，負責回覆部分孩童的信，再請她擔任「採購部長」，帶我們去買孩子們喜歡的應景貼紙及文具或聖誕糖果和信中許願的禮物，希望除了回信之外，也有這些小驚喜讓孩子們收到更加開心。

其他大人能看懂的信，我就邀請同仁們一起回信。因為，這是一件難得又格外有意義的事。想想看，成人的世界難免有失落、絕望的時候，有時別人的一句話，可能會不經意地激勵到自己，令人茅塞頓開、豁然開朗，假如這些孩子是你的孩子，你簡單且誠懇的回信，也許，其中一句話能就此改變這個孩子的一生也未可知。

善心的回饋帶來更多信心與動力

當然，我們也有實際送出禮物，有個小朋友想要得到一隻狗，我們買了一個玩具狗送他，原本我們打電話給那位家長要約「聖誕老婆婆送禮物」時，他非常意外，以為我們只會書面回覆卡片而已，孩子收到狗娃娃開心得不得了。

也有不少家長接到電話都很警覺，以為是詐騙電話，不然就是以為我們會穿聖誕老公公的服裝去登門送禮物，但我希望孩子保留對聖誕老公公的想像和期待，不要這麼具體的出現在他們面前，由家長轉交即可。

有些家長非常貼心，主動拍下孩子收到禮物，非常開心並對聖誕老公公致謝的影片給我們。我看到影片時深受感動，謝謝這些孩子，因為你們的相信聖誕老公公的存在，才讓我們有機會扮演一回聖誕老公公，這種難以言喻的感動，正是投身公益活動的能量和原動力。

我們舉辦任何一場公益活動，不要求參加者打卡或寫感謝文，即便舉辦

活動的成本不菲，也不需要參與者報答，因為，他們從活動中得到的快樂及感動，就是對我們最好的回饋！

聖誕老公公的夢想信箱，不僅是對孩子們的承諾，也是對我們自己的提醒：相信就是你的魔法。在這個快節奏的時代，別忘了停下腳步，感受生活中的美好，與家人共度每一個溫馨的時刻。

17.

種下一棵樹，給地球一份愛

大雨無阻的永續生活計畫

二〇二三年十二月二十三日，冬至翌日，氣溫驟降，但我們的心中仍燃燒著為地球環境帶來溫暖的熱忱。在淡水沙崙海水浴場，我們舉辦了一場充滿愛與期盼的「公益種樹愛地球」活動。

上午還是風強雨大的惡劣氣候，但到了我們種樹活動的時間，雨就停了，好像老天爺也在暗暗地鼓勵著我們。

當天有六十位大小朋友共襄盛舉，我們一起種下了一百棵樹苗，包括黃荊、水黃皮、木麻黃、草海桐及厚葉石斑木這五種植物，這些樹種的特色都是耐鹽品種，適合在濱海沙灘生長，能防風固沙，為台灣美麗的海岸增添一層天然的保護。

許多人一輩子從未拿過鏟子，這次的體驗對他們而言新奇又難忘。十多位小孩在專業人士的指導下，認真學習如何獨立完成種樹的每一個步驟。

我們在種木麻黃時，恰巧旁邊有一棵約有二十年樹齡的木麻黃，新舊對照之下，讓人對未來充滿期待。

種完樹後，小朋友還能找聖誕老公公玩戳戳樂遊戲，並領取禮物。當然，那位可愛的聖誕老公公就是我先生扮裝的。每一位參與者在活動結束時都能帶走一株七里香的小樹苗，回家繼續延續種樹愛地球的行動。

▲種樹活動剛好在接近聖誕節時舉辦，當時還邀請了聖誕老公公來進行親子互動，希望在下一代心中留下愛地球的環保觀念。

4．冬暖藏．收獲無盡的愛與希望

不為節稅、碳權，只是想純粹行善

有朋友在活動中問我，近年種樹推廣是一種趨勢，是不是為了「碳權」才辦了這場活動？其實，舉辦許多公益活動時，有時會被問及是否有節稅的考量，老實說，我們從未考慮這問題，純粹只是想要回饋社會、幫助環境！

這讓我更不由得感恩起父母，他們一直都在純粹行善，我不曾感到孤單，更確信自己正走在他們身教言教的公益之路上。

母親曾告訴我：「公益的核心價值是幫助他人，絕非計算自身的得失。」這句話一直深植我心，提醒著我，真正的公益是發自內心的善意，而不是任何利益上的考量；既然樂在付出，也就不要計較成本與時間。

永續發展的百年大計

種樹如同教育，是百年大計，不可能一蹴可幾，需要營養和時間的滋養。

我們今天種下的一百棵樹苗，若至少有一半能茁壯成長，那未來這片土地上，將會是一大片綠意盎然的樹林。

我們今日種樹，不僅是為地球生態做出貢獻，更是在為了下一代盡一份心力，值得大家一起來共襄盛舉。很幸運的是我們一起用愛種下的樹苗，目前有九成八的存活率，這個成效遠超過常見僅有百分之五十左右的存活率。

除了種樹活動，也計劃在未來持續推動更多與環保相關的公益活動，涵蓋淨灘、環保教育工作坊及綠色生活推廣等。希望透過這些活動，喚起更多人的環保意識，共同為地球的未來努力。

總之，希望通過這些努力，不僅在當下看到成果，更要為未來的環境留下深遠的影響。感謝每一位參與者的支持和投入，讓我們一起為地球種下一片綠意，給地球一份愛。

C-19

B-1

18.

視障者的好夥伴

導盲犬的培養與使命

攜手認識導盲犬如何改變視障者的生活

長久以來，我一直關注並支持導盲犬協會，也有捐款，希望為推廣導盲犬的培育盡一份心力。也希望，這些捐款匯聚了無數善意，為視障者和導盲犬的未來帶來更多可能。

某日，與小女兒聊到這件事，她提到前一天才剛協助一位牽著導盲犬的視障者過馬路。聽到我的想法，建議邀請協會的視障者攜導盲犬前來分享經驗，由他們現身說法，讓我們更加了解該如何提供正確、貼心的協助。

導盲犬的日常跟我們想的不一樣

聯繫上導盲犬協會後，一位女性視障講者應邀而來。她帶著作伴的導盲犬，不僅向我們詳述導盲犬的工作內容，更娓娓道來她與導盲犬的日常點滴。

對於視障者而言，導盲犬不僅是他們的雙眼，也是他們最信任的摯友。這位講者並非全盲，可以由導盲犬引導，自捷運站一路順利走來公司。她樂觀活潑的個性，精彩的演說內容，令人大開眼界。

講者還告訴了我許多與視障者交流互動的細節，並且指導我們如何在正確的動作下，能妥善的協助視障者，又能保持好彼此友善的身體界限。

講座吸引了不少小朋友參加，他們第一次看到導盲犬，興奮不已，紛紛想上前撫摸逗弄。主講者也趁機教導大家，在路上遇到導盲犬正在工作，應該如何應對，保持友善的互動，又不會影響牠正常工作。

導盲犬養成艱難，與視障者協作需要更友善的環境

每一隻導盲犬的誕生和培訓非常不易。主講者說，導盲犬兩個月大後，便會去寄養家庭生活，進行社會化訓練，一～兩歲返回訓練中心，接受專業導盲犬訓練師的嚴格訓練。畢業後，導盲犬會與視障者配對，配對成功後會進行共同訓練。每隻導盲犬平均工作五～八年後光榮退休，由協會評估並為牠們尋找合適終老的家庭。

為了因應台灣的社會環境，導盲犬還需接受各種特訓，例如坐摩托車（不能怕汽車喇叭聲就跳車）、坐纜車（不能怕高）、搭手扶梯（不能暴衝）等。許多狗在這些嚴苛訓練中被退訓，由此可見，訓練一隻能正式工作的導盲犬，耗費的人力和財力不容小覷。

然而，由於國人對導盲犬的認知不足，牽著導盲犬的視障者難免會遇到不給進去消費的店家，甚至被安排到偏遠位置。希望政府能夠重視視障者和導盲犬的困境，給予更多實際上的支持和幫助。

殘疾或許限制肢體，但不設限心靈

這場講座令我深受感動，不僅是因為講者和導盲犬之間深厚的感情，更因為這位視障者擁有一項謀生的技能——做串珠。儘管視力不便，她的串珠作品卻極為精美，甚至比我們這些視力正常的人更加精湛優雅。

這令我深得啟發：除了感念自己的健康無虞，能輕鬆便利的過著日常生活，更佩服她對生命挑戰的韌性。從她身上我們看見了一股正向的力量，生命的歷程或是身體健康，或許不是我們能選擇的，但是我們永遠可以選擇心態上的健康，一樣熱愛生活、精彩過著每一天。

講座結束後，我們開車載她去士林夜市上課。在相處過程中，我深深被她的堅強和努力所觸動。她的串珠作品精緻細膩，每一顆珠子都是她用心串連起來的美好片段。這些作品展現了她的毅力，也成為我心中一道溫暖的風景，時時提醒我，有人雖然生活艱辛，卻依然能將每一份努力化為美的事物。

而我也期盼一份努力推動公益的初心，也能化為拋磚引玉的美，為這個社會帶來更多愛與溫柔。

我最美
宏利發
建設有限公司
最帥
保持
正能量

視障朋友行走的輔具為
·手杖
導盲犬

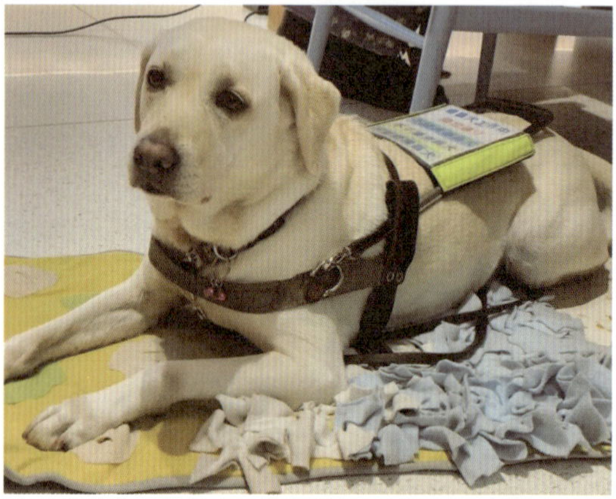

認識導盲犬
宏利發建設-生命講座活動
日期:112/12/6(三)
時間:13:00-14:00
遇見導盲犬的三不一問
不餵食-----不以任何食物吸引餵食
不干擾-----不任意干擾撫摸導盲犬
不拒絕-----導盲犬可自由進出公共場所
營業場所，以及交通運輸工具
主動詢問--看到視障朋友徘徊不前時，
希望您主動詢問是否需要協助
公益主辦單位:
宏利發建設有限公司
Ever Fortune Construction Co.,Ltd.

COLUMN

導盲犬

在路上遇到導盲犬，應該怎麼做？

請謹記「三不一問原則」

01 不餵食

不要以任何食物吸引或餵食導盲犬。

02 不干擾

在使用者未同意的狀況下，不要任意干擾或撫摸導盲犬。

03 不拒絕

根據身心障礙者權益保障法第 60 條 — 保障導盲犬得自由出入公共場所、公共建築物、營業場所、大眾運輸工具及其他公共設施。

04 主動詢問

看到視障朋友在公共空間猶豫徘徊不前時，請主動詢問他是否需要協助。若想要認識導盲犬，也請先詢問徵求使用者的同意。

台灣導盲犬協會
Taiwan Guide Dog Association

＊上述內容摘自官方網站，歡迎洽官網了解詳細資訊或最新情報。

19.

一筆一畫，寫下祝福與流動的愛

從寫春聯活動延續年節的溫度

現代人常說「年味漸淡」，但我始終相信，只要還有人願意動手貼一張春聯，過年的溫度就還在。

就在今年二〇二五春節將近，我們再一次舉辦了手寫春聯公益活動。不同於以往在辦公室樓下與鄰里共享的社區型規模，今年我們受邀協辦了台北車站的春聯快閃活動。也因此，這份「年味」不只飄進了鄰里的巷弄，更飄向四面八方，擴散到了全台，甚至國際旅客的心中。

最初的起心動念，其實只是來自一個很單純的情感。我從小在一個重視年節儀式的家庭長大，每年除夕，爸爸媽媽都會親手貼上春聯，象徵新年的希望與祝福。長大後，有時也會去迪化街找尋兒時過年的感覺，看到老師們揮毫寫春聯，總覺得那是一份難能可貴的傳統——比印刷品多了份情感與溫度。

幾年前，我們第一次試辦寫春聯活動，請來兩位書法老師現場揮毫，也開放孩子們自己提筆書寫「春」與「福」。鄰居們紛紛前來，不但索取春聯，還與我們話家常、互道祝福。活動當天，里長也親自到場並帶志工共襄盛舉，氣氛熱絡，留下了許多溫馨記憶。也讓我意識到，寫春聯不只是「寫」字，而是一場傳遞喜氣、串起人與人之間善意的交流。

揮毫成祝福，讓年味飄得更遠

今年二〇二五年一月十三日的活動，我們轉往人來人往的台北火車站。主辦單位中華娛樂文創發展協會邀請了十位書法老師，現場揮毫題字，包括「金蛇財運轉」、「福祿壽安康」、「花開富貴」等字句，除了邀請台鐵公司台北站林博琛站務長主持，作為協辦單位的我與先生，也在開春儀式上與大家交流新年的祝福。

熟悉的毛筆與紅紙讓車站頓時充滿年味，因應車站的開放性，國際旅人的身影更讓這場書法活動的互動性比往年更加多元；不少外國朋友駐足觀賞、主動詢問，甚至開心索取春聯作為紀念。

每位書法老師的筆觸風格不同，有的字挺拔剛勁，有的柔中帶韻，有些老師更即興揮毫添彩、在文字旁點綴花朵與裝飾，讓「富貴吉祥」等吉語多了幾分靈動與生趣。民眾可以自由挑選喜歡的風格排隊領取，場面熱鬧又溫馨。這不僅僅是一場春節儀式，更像是一場文化的現場展演。

選在台北車站舉辦，不只是場地的轉換，更是一場自然流動的文化外交。車站匯聚著來自台灣各地與世界各國的旅人，在毫無預設的交流中，他們看見了書法之美，也感受到台灣人樂於分享、溫柔待人的特質。一張張紅紙春聯，就這樣搭上了旅人的行囊，帶著這片土地的祝福飄向遠方。

花開富貴
竹報平安
百福千祥
掌聲鼓勵

蛇来運轉 喜福迎春
主辦:中華娛樂文創產業發展協會 協辦:國營臺灣鐵路股份有限公司

蛇来運轉 喜福迎春
主辦:中華娛樂文創產業發展協會 協辦:國營臺灣鐵路股份有限公司
金
蛇
財
運
轉
福
祿
壽
安
康

好運龍來
花開富貴
歲月靜好
吉祥如意

愛與快樂，是越分越多的資產

這場活動之後，我再次想起一句我很喜歡的話：「所有的資源分享出去都會越來越少，只有愛與快樂，是越分享越多。」

我們做這些事，並不是為了曝光或張揚，而是發自內心地想把那份「過年記憶裡的溫暖」傳遞出去，讓更多人感受到「這個世界其實很值得」。

曾送出一張寫有金粉的「招財進寶」春聯給附近甜甜圈店老闆娘，她開心地貼在店門口，每天看到都覺得心情很好；也有拿春聯回家的鄰居回饋，她的孩子說：「媽，這活動很棒，下次請老師寫一些年輕人喜歡的祝福語吧！」

那一瞬間我明白了，有些善意的流動，不需要刻意安排，只要誠意寫下，就能在人心中留下印記。這些看似微小的行動，卻一點一滴，讓愛與快樂從一個人，傳到另一個人，從一個社區，擴展到整座城市。

寫春聯，是一種開春的儀式；讓祝福流動出去，則是一種讓世界更溫暖的方式。而我們想做的，永遠是在這些看似簡單的行動中，悄悄留下一份情意與記憶，有一天，他們也願意成為下一位傳遞者。

唯有如此，愛才能無止盡流動。

Epilogue——

後記

寫給讀者

籌辦成功的公益活動，你必須知道的三件事

1 愛要輕輕做

在我心中，公益是一種初心的實踐，就像春日的微風，輕柔而不張揚，卻能帶來溫暖與希望。因此，堅持一個原則：「愛要輕輕做」。

「輕輕做」的核心，不是輕忽，而是回歸初心，不計較回報，也不抱有得失心。我們做公益，不是為了掌聲或認可，而是因為這是一件值得去做的事。心態放輕鬆，不因外界的眼光或評價而動搖，不給自己或他人增添壓力，這樣的愛才能長久流動。

舉辦公益活動，真正耗費心力的往往不是開端的構想或最後的收尾，而是中途的種種細節。就像籌備一次愛心便當活動時，我的女兒滿懷熱情，準備了各種進口花材，計劃親手製作花束送給遊民。但當她開始擔心遊民不會接受時，焦慮也隨之而來。

我告訴她，不必計較這些細節，堅守初衷就好。無論花束是否被接受，愛心已經傳遞。當我們用心付出時，結果如何不重要，重要的是這份善意本身。

同樣地，在活動的時間安排上，我提醒女兒與朋友，不必過度壓縮時間。與其清晨六點趕來製作數百朵花，不如前一晚完成部分工作，減輕壓力，才能真正享受做公益的過程。因為行善不應該是急促與緊張的，而是一種平和的堅持。

這份輕輕的心，也讓我學會不為遺憾停下腳步。

例如，在那次便當活動中，我的兒子因實習工作還未結束，無法準時趕來，我雖覺得可惜，但活動仍然按預定的規劃時間開始。我深信，公益的美在於它的流動，不為一時一刻的遺憾而停滯。

愛要輕輕做，並不代表不用心，而是專注於當下的付出，放下得失心，回歸單純的初衷。這樣的愛，不僅讓我們自己輕鬆，也能讓參與其中的人感受到一份溫暖與自由。行善如涓涓細流，唯有保持純粹，才能讓公益之路走得更長、更遠。

2 被潑冷水是常態

在公益之路上，被潑冷水幾乎成為日常，但我從未因此退縮。

記得當初提議在天母的國小設立清寒獎學金時，有朋友忍不住笑著問：「在天母這種地方，還有需要幫助的貧困家庭嗎？」

這樣的質疑並不少見，因為多數人印象中的天母是富人聚集及資源豐盛的地區，卻忽略了這裡也有許多家庭默默承受著經濟壓力，處於中低收入階層，甚至有些孩子的學習資源相當有限。

我深知，若我們總是以偏見去看待一個地方，就容易忽略真正需要幫助的人。公益的意義不在於滿足外界的期待，而是用行動去彌補那些被忽視的需求。只要能幫助到一個孩子，支持一個家庭，這份努力就有它的價值。

被質疑是常態，但正是這些挑戰，讓我更加堅定自己的信念——不管周圍的聲音如何，真正需要幫助的人，才是我們關注的焦點。

3 多慮則亂，照原計畫即可

舉辦公益活動時，變數往往是無法避免的，不論是天氣的突變、參與人數的多寡，還是合作單位的臨時調整，這些挑戰都需要我們去面對。但我的原則是，盡量按照原定的計畫進行，不輕易更改時程，因為改變計畫往往會牽一髮而動全身，甚至引發更多不可控的問題，讓事情變得更加複雜。

幸運的是，這些年來，每次活動似乎都得到老天的眷顧，總能順利完成，這讓我更加堅定信念。捐血活動雖然會受到天氣影響，酷熱、寒冷或下雨天都可能降低參與人數，但我始終相信，只要捐血車能出動，就一定會有人願意挽袖捐血，因為每一袋血都可能挽救一條生命。

因此，即便因天氣不佳導致人數較少，我也不會輕易取消活動，反而會選擇增加場次，讓更多人有機會參與，確保血液供應不中斷，也讓公益的影響力持續擴大。

類似的情況也發生在一次種樹活動中。活動前幾天，霸王寒流突然來襲，大家都擔心低溫會影響參與者的意願，有人建議延期，等天氣回暖再進行。

然而，我選擇不改變計畫，因為參加公益活動的時間對每個人來說都是難得的安排。當天一早，天氣雖然寒冷，但出現了一道絢麗的彩虹，活動進行中更是風和日麗，直到結束後才開始飄雨。這樣的經歷讓我相信，只要我們堅持初衷，結果往往會比預想更好。

不輕易改變活動時間，因為這不僅關乎主辦方的信譽，更是對每一位參與者時間的尊重。若因主辦方臨時調整而影響參與者的行程，可能會降低他們參與公益的意願，甚至對活動的專業性產生質疑。對我而言，堅守計畫不僅是對活動的負責，更是對公益精神的一種堅定承諾。

寫給家人

公益之心，是我最想送給你們的生命禮物

親愛的寶貝們：

在這本書中，我總是會心懷感激地提及我的父母，因為他們多年來堅持默默行善，讓我在成長的過程中耳濡目染，學會了愛與奉獻。

在我有能力為社會貢獻一己之力時，你們也陪伴身邊，一起盡心盡力，甚至，在我不知情的時刻，依舊默默地散播著愛與行善；我在你們身上，已經看見日常種下的公益種子，正發芽、茁壯。

大兒子熱心公益，自告奮勇不邀功

大兒子為人熱心公益，每逢寒暑假，會自告奮勇去偏鄉學校的社團免費上英文課，你從未特別提及與邀功這件事，直到我不小心發現學校致贈的感謝狀，才知道你默默行善的溫暖之舉。

大女兒自創自營，懂公益也懂財商

大女兒在學校創立花藝社「Flourishing love」，短短三十分鐘內吸引一百多人報名參加，特別的是，這個花藝社不僅受歡迎，還是個會帶來收入的社團。學校社團舉辦了舞台劇，可以想見，有表演就有獻花的需求，大女兒社團因此接到不少訂單。

不得不說，妳很有財商頭腦。除了賺錢也不忘公益，在ＩＧ創立了一個非營利機構「繁花妍」，妳默默行善，從未向我提起，直到我偶然發現時，內心既驚喜又感動。那一刻，我看到了妳截然不同的一面，那是一種溫柔而堅定的力量，讓我為妳感到無比驕傲。妳用自己的方式詮釋了善意的純粹，無需張揚，卻散發著溫暖的光芒。

我知道妳對花藝的熱愛和天賦，以及渴望用植物療癒老年人的心，妳約了班上要好的同學，一大早去公園給跳舞做操的長輩們獻上玫瑰花束。

妳說，老先生、老太太收到花束好開心！有人笑著說要回去送給他最愛的另一半；也有人收到花後很感動不已，堅持回饋妳一千元，謝謝妳的愛心和巧手，並鼓勵妳用這筆錢繼續把愛傳遞下去，在在展現了「拋磚引玉」的影響力。

另一次，妳特別準備了大量薰衣草，打算製作一百個薰衣草香包，送給那些睡眠品質較差的長輩。

薰衣草擁有安定情緒的效果，能帶來寧靜與舒適的睡眠。然而，手工摘取薰衣草籽並不容易，每一顆籽都細小而繁瑣，但妳依然耐心細緻地完成。當香氣四溢的薰衣草包送到長輩們手中，看著他們臉上綻放的笑容，妳感受到前所未有的滿足與溫暖。

小女兒樂善好施，熱情能量滿滿

小女兒，今年小學六年級，從小耳濡目染，樂心助人已成為妳日常生活的一部分。在學校，妳自告奮勇擔任衛生服務隊，犧牲午休時間，到垃圾場整理回收物品。我心疼地勸妳別做了，妳卻笑著對我說：「媽媽，妳不是有說過，付出越多的人越快樂嗎？」這樣的話語，讓我倍感欣慰。

妳們全班去畢業旅行時，特意提早到場。我好奇地問妳為什麼，妳回答說要幫同學搬行李到車上。我看著個頭小小的妳，不忍心讓妳這麼辛苦，沒想到妳又回應我：「媽媽，妳不是說，助人為快樂之本嗎？」

這樣的溫暖舉動，妳從幼稚園便開始了。記得當年，有一位香港轉學生入學，小女兒會協助轉學生同學適應環境，讓對方家長特地找到我，感激妳的付出。

在你們陪伴我投身公益活動的歲月裡，你們不僅在不斷成長，我也一次次被你們啟發和激勵。你們的善良與熱忱，讓我深刻感受到，公益不僅是付出，更是一段彼此成就的美好旅程。

你們懂事，但當我有時意見相反，覺得計畫不可行時，你們總會提醒：「媽媽，妳不是教我們要勇於嘗試任何事物嗎？」這一句話總是讓我不禁停下來重新思考，然後默默地接受你們的提議。你們的勇氣與智慧早已成為我繼續堅持的力量。

看著你們學到的，不是別人眼中的不可能，而是一種用心堅持的信念，讓我無比欣慰。這不是因為媽媽特別出色，而是因為當我們願意突破傳統與框架，就能讓更多可能性展現在眼前。

我希望，這些經歷讓你們明白，無論做什麼，只要心懷初心、勇敢向前，就能找到屬於自己的道路。不必在意他人的眼光，對得起自己、問心無愧，這就足夠了。

我相信，公益這條路，一個人走可以走得快，但一群人走，才能走得更長遠。社會中有許多低調而有能力的人，他們也渴望貢獻一份力量，只是不知道如何開始。我想說，別擔心，只要願意邁出第一步，我們就能一起將這份善意傳遞出去，創造更多溫暖的連結。每一個小小的行動，都可能成為改變的起點，讓這個世界因我們的努力而更加美好。

我樂於在公益路上默默耕耘。然而，逐漸發現，許多人心懷善意，卻因缺乏方向而遲遲未踏出第一步。如果我的行動與分享，能讓他們看見公益其實並不遙遠，並因此願意參與，那麼我的分享就是值得的。因為公益，不是個人的光環，而是一股可以彼此激勵、擴散影響的力量。

公益，其實很簡單；公益，就是在日常中，付出一份喜樂，讓愛無止盡流動。

Love

公益見證人 Luke 的肺腑之言

我老婆所舉辦的每一項公益活動，背後都蘊含深遠的意義，尤其是針對孩子們的族群，更是充滿了用心和期望。

有些孩子對於從未接觸過的活動，起初會採取抗拒的態度。例如淨灘活動，剛開始他們可能不願意參與，但在聽過詳細的解說後，當他們親自拿起工具、實地參與時，不僅克服了內心的排斥，甚至漸漸愛上這項活動，並開始了解其中的意義與重要性。

至於樹屋建造，更是一次難忘的經歷。有些孩子一開始認為，建造樹屋是一件非常困難的事，除了需要大量經費，還有許多技術問題需要克服。他們認為，可能要花上幾個月甚至一年的時間才能完成。

然而，在我老婆的策劃下，選擇與專業團隊合作，雖然溝通過程中遇到了不少挑戰，但我們逐一克服，最終在短短一週內順利完成。更重要的是，這座樹屋並不只是由專業人員建造，小朋友們也親自動手參與。當孩子們完成一個個小任務時，他們驕傲地說：「這個樹屋裡有我的努力！」這樣的參與感，不僅讓他們更加珍惜這座樹屋，也種下了未來幫助他人的種子。

所以，我們的公益活動從不僅僅是「贈送一份禮物」，更是在陪伴孩子們一同完成「獲得禮物」的過程。這個過程讓他們深刻體會到，參與與奉獻本身的價值，遠超過單純接受的喜悅。這是一份無價的學習，也是我們最希望傳遞的信念。

感恩之路

感恩的腳步，讓愛隨行

今年春天，我參與了一趟特別的旅程——跟隨媽祖進香的隊伍，一步一腳印地走在信仰與人情交織的土地上。

沿途體驗了風吹日曬、氣候變化，也經歷了夜間的寧靜與沉思。而步履之下的疲憊，卻因眾人彼此的關心與協助，轉化為無限的溫暖與力量。

這是我人生第一次參與白沙屯媽祖進香。雖然我的父母多年來都會固定帶著鄉親鄰里組團進香，但我不一定每次都會同行，對媽祖也談不上熟悉。直到今年，一位擔任媽祖志工的國中同學，在進香旅程中認出了我的父親，並電話中向我提及白沙屯媽祖的北港進香活動，才意外開啟了這段與信仰的連結。

懷著一股莫名的召喚，我走進白沙屯拱天宮。初見那座古典細緻的廟宇，心中浮現的不是熱切，也不是哀傷，而是一種溫柔的震動，我在媽祖慈悲微笑的注視下，無聲地紅了眼眶。從那天起，只要聽見「白沙屯媽祖」這幾個字，我的心裡總會湧起說不出的情緒，就像是被一股溫暖而堅定的力量，悄悄擁抱著。

於是，我跟上了二〇二五年五月一日初夏的媽祖行腳。一路上，看見了無數令人動容的場景。信仰的現場雖然熱鬧而奔騰，卻在彼此的默契中自成秩序：幾萬人共行的隊伍裡，沒有推擠爭搶，只有默默的禮讓與體貼。這份無聲的和諧，正是台灣最動人的底蘊——人情味，也是無需言語的愛的能量。

進香途中，民眾自發地遞水、奉茶、送點心與便當，甚至準備了祝福小物：印有「無敵星星」或「結緣品」字樣的卡片、吊飾或糖果，每一份都蘊藏著真摯的祝福。起初我有些不好意思拿，總怕自己吃不完會浪費，應該把資源留給更需要的人。但漸漸地我發現，對這些準備的人來說，讓你收下，才是一種最深的肯定與回應。於是我也學會從善如流，坦然接受這一份份善意，讓自己「滿載而歸」。

許多志工與香客告訴我，他們去年或之前也是在隊伍中接受幫助的人，今年便以分享者的身份回應感恩。他們笑著說：「我也喝過別人遞給的水，這次換我來幫忙。」有能力的人多做一些，能力有限的人，哪怕只是贊助五杯飲料、十瓶水，也都懷抱著無限的誠意與熱情。

那不只是施與受的交換，而是一種無問回報的循環，一條溫暖的路徑——愛的流動。就在那一刻，我彷彿領悟了媽祖讓我來的意義。祂要我親眼見證：原來，我一點都不孤單；我們書中所說的「讓愛無止盡流動」，從來就不是一個理想化的口號，而是真實可以活出來的日常行動。

而祂帶動的遶境進香，就是最棒的見證。媽祖用祂慈悲而堅定的身影，引領著人們內在的感恩與善念。無論是一瓶水、一聲加油、一段路的陪伴，都是照亮人心的光。而這趟行腳，也讓我更加堅信：我們所推動的每一場公益、每一次捐獻，不論大小形式，都是愛的串聯。

也許你早已忘了在哪裡、曾被誰幫助過，但當你有能力回應他人時，那份藏在心中的善意，就會悄悄浮現，讓愛得以延續。

感謝這趟旅程，主委，總幹事，志工團團長和志工們無私的奉獻，也感謝這本書完成的因緣。願這份書寫的溫度，能鼓勵更多人走入公益的行列。無論形式大小，只要從心出發、從身邊開始，每一個善意的舉動，都能成為愛的延伸。

謝謝你讀到這裡，也期盼你跟我們一起，在生活的步伐中，持續推動「讓愛無止盡流動」的信念，讓善意在世界的每個角落生根發芽。

因為有你，所以愛無止盡流動。

▲ 感謝白沙屯媽祖對本書的支持鼓勵，並幫忙決定封面。

▲感謝報馬仔分享的平安結緣餅乾，我上車後立刻分享給同行的夥伴，願大家福氣滿滿，萬事平安、健康喜樂。

▲ 感謝三立《好宅敲敲門》製作團隊與主播高毓璘來訪，分享「蓋一間好房子」及做公益回饋社會的理念。

▲ 獲得中華建築金石獎與總統合影。建築是我的本業，也是我公益力量的基石，我相信專注本業的價值，唯有讓自己事業穩定，才有能力為社會做出更多貢獻、幫助更多人。

▲ 學習，永無止盡。感謝普立茲克獎的建築大師雷姆．庫哈斯給予的指導，他很喜歡我的建築圖書館，還特別在我典藏的著作上簽名留念。

“每一場成功的公益活動背後，都有默默付出的公司同仁，謝謝大家以行動支持我的理念，一起付出愛心，讓愛無止盡流動。”

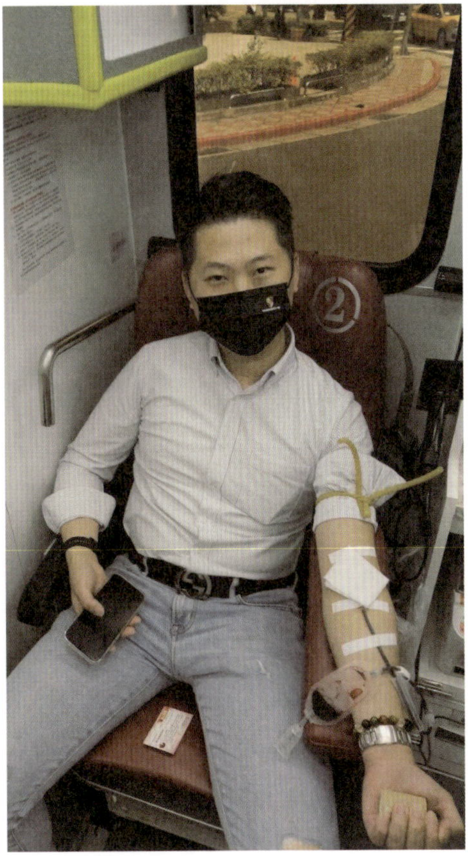

“

每次舉辦完捐血活動，都會收到這樣一張紅色小紙條，上面記載了捐血人次與血袋數量，雖然是薄薄的一張紙，卻乘載了滿滿的愛。

”

Notes

【渠成文化】Pretty life 021

讓愛無止盡流動

公益教我的 19 堂暖心課

作　　者　楊雅婷
圖書策劃　匠心文創
發 行 人　陳錦德
出版總監　柯延婷
採訪主筆　唐滋蓮
封面協力　L.MIU Design
內頁編排　邱惠儀
E-mail　cxwc0801@gmail.com
網　　址　https://www.facebook.com/CXWC0801
總 代 理　旭昇圖書有限公司
地　　址　新北市中和區中山路二段 352 號 2 樓
電　　話　02-2245-1480（代表號）
印　　製　鴻霖印刷傳媒股份有限公司
定　　價　新台幣 380 元
初版一刷
初版二刷　2025 年 8 月

ISBN 978-626-99081-2-7

國家圖書館出版品預行編目（CIP）資料

讓愛無止盡流動：公益教我的19堂暖心課 / 楊雅婷著. -- 初版. -- 臺北市：匠心文化創意行銷有限公司, 2025.08
　面；　公分.
ISBN 978-626-99081-2-7（平裝）

1. CST：楊雅婷　2. CST：傳記

783.3886　　114002099

任何東西都是越分越少
只有愛與快樂，是越分越多♡

楊雅婷

台北探索館
DISCOVERY CENTER OF TAIPEI
TAIPEI
TDW-9362
112.4.12
雅婷號
宏利發建設有限公司